U0575395

数字经济时代产业高质量发展研究

于洪娜　王义龙　韦　颖◎著

吉林出版集团股份有限公司｜全国百佳图书出版单位

图书在版编目（CIP）数据

数字经济时代产业高质量发展研究／于洪娜，王义龙，韦颖著. -- 长春：吉林出版集团股份有限公司，2023.4

ISBN 978-7-5731-3174-4

Ⅰ. ①数… Ⅱ. ①于… ②王… ③韦… Ⅲ. ①信息产业–产业发展–研究–中国 Ⅳ. ①F492.3

中国国家版本馆 CIP 数据核字(2023)第 099928 号

数字经济时代产业高质量发展研究

SHUZI JINGJI SHIDAI CHANYE GAOZHILIANG FAZHAN YANJIU

著　　者	于洪娜　王义龙　韦　颖
出 版 人	吴　强
责任编辑	蔡宏浩
装帧设计	万典文化
开　　本	787 mm× 1092 mm　1/16
印　　张	8.5
字　　数	160 千字
版　　次	2023 年 4 月第 1 版
印　　次	2023 年 8 月第 1 次印刷
出　　版	吉林出版集团股份有限公司
发　　行	吉林音像出版社有限责任公司
	（吉林省长春市南关区福祉大路 5788 号）
电　　话	0431-81629679
印　　刷	三河市嵩川印刷有限公司
标准书号	ISBN 978-7-5731-3174-4　　　　　定　　价　55.00 元

如发现印装质量问题，影响阅读，请与出版社联系调换。

PREFACE

随着我国数字经济产业的高速发展，相关的问题也逐渐凸显出来，探索产业结构的优化策略对引导和发展数字经济有着重要的意义。数字经济产业是以数字技术为基础的新兴产业，伴随科技水平的进步，数字经济产业取得了全面发展，并通过与各个传统产业的深度融合带动产业变革。可以认为，数字经济产业在新产业拓展与传统产业升级改造中均具有不可替代的重要作用，可加快我国传统产业结构优化升级的步伐，带动国民经济稳定健康发展。本书总结了数字经济产业发展的一系列问题，希望为相关人员提供一定的参考。

从全球来看，当前世界主要发达国家十分重视数字前沿技术，不同程度参与制定数字经济领域标准和数字经济建设规则等。无论是数字虚拟经济与实体经济共融共生，还是支付与出行方式的变革发展，数字经济都正在被越来越多的国家认可，在全球经济发展中扮演重要角色，成为重组全球要素资源、重塑全球经济结构、改变全球竞争格局的关键力量。近年来，我国保持经济社会持续健康发展，成为世界经济增长的主要动力源和稳定器。特别是 2020 年我国积极巩固拓展疫情防控和经济社会发展成果，成为全球唯一实现经济正增长的主要经济体。未来我国要持续稳定推动世界经济增长，并在激烈的国际竞争中保持不败之地，必须统筹国内和国际，把握数字化发展新机遇，积极提升我国数字经济竞争力和影响力，加强数字经济国际合作，为世界经济增长不断注入新的动能。

为了提升本书的学术性与严谨性，在撰写过程中，笔者参阅了大量的文献资料，引用了诸多专家学者的研究成果，因篇幅有限，不能一一列举，在此一并表示最诚挚的感谢。由于时间仓促，加之笔者水平有限，在撰写过程中难免出现不足的地方，希望各位读者不吝赐教，提出宝贵的意见，以便笔者在今后的学习中加以改进。

CONTENTS 目 录

第一章　数字经济概述 ··· 1

　　第一节　数字经济的演进脉络 ··· 1

　　第二节　数字经济政策的演变 ··· 7

　　第三节　数字经济的新特征 ·· 21

第二章　数字经济时代文化产业的高质量发展 ················· 27

　　第一节　数字文化产业与国家"软实力" ······················ 27

　　第二节　数字文化产业内涵、要素和形态 ···················· 34

　　第三节　数字文化产业高质量发展影响因素 ················· 43

　　第四节　数字文化产业高质量发展对策 ······················· 45

第三章　数字经济时代娱乐产业的高质量发展 ················· 47

　　第一节　数字娱乐产业与国家"软实力" ······················ 47

　　第二节　数字娱乐产业的内涵、要素和形态 ················· 51

　　第三节　数字娱乐产业的营销 ······································ 60

　　第四节　数字娱乐的消费需求与"内容生产" ··············· 78

第四章　数字经济时代出版产业的高质量发展 ················· 88

　　第一节　数字出版产业发展现状及特点 ······················· 88

　　第二节　数字出版产业创新体系构建 ··························· 97

　　第三节　数字出版创新模式及特征研究 ······················ 109

　　第四节　数字出版产业创新发展策略及政策建议 ··········· 114

参考文献 ··· 126

第一章 数字经济概述

第一节 数字经济的演进脉络

一、数字经济的定义

1997年，提出"新经济"的概念，其包含知识经济、创新经济、数字经济、网络经济；数字经济是新经济观测的一个角度，是信息经济的一部分。信息经济被分为三个层次：第一，信息经济是一种经济形态，它与农业经济、工业经济同级；第二，信息经济属于传统产业，包括第一产业、第二产业、第三产业；第三，从经济活动方面来说，信息经济是指信息生产和服务，信息通信技术的研发，以及信息传输等经济活动。数字经济是信息经济第二和第三层次的子集，它是基于数字技术的内容产业、通信产业、软件产业及信息设备制造业的产业集群，从生产端看也包括这些产业的产品与服务。

信息技术对整个社会产生的影响随着科技发展的脚步逐步加深，人们对信息技术融入经济与社会这一过程的定义，在不同的发展阶段产生了各种各样的概念。因此，概念混用的情况也时有发生。除了早期的"信息经济"和近年的"数字经济"外，还存在网络经济、知识经济等概念。这些概念因其产生于数字经济发展的不同阶段，因此分别反映出不同时期人们对信息技术在不同角度的理解。虽然这些概念在定义和具体内涵上有细微的差别，但总的来说，它们都是在描述信息技术对人类社会经济活动产生的影响与革新。

（一）知识经济

第二次世界大战后，由于科技进步，全球知识生产、流通速度不断提高，分配范围不断扩大，社会经济面貌焕然一新。在此背景下，相当多的学者开始关注知识与经济社会之间的联系，知识经济的概念逐渐形成。1996年经济合作与发展组织（OECD）在年度报告中认为，知识经济是以知识为基础的经济，直接依赖于知识和信息的生产、传播与应用。从生产要素的角度看，知识要素对经济增长的贡献高于土地、劳动力、资本等，因而"知识经济"是一种以知识为基础要素和增长驱动器的经济模式。

（二）信息经济

"信息经济"的概念可以追溯到二十世纪六七十年代美国经济学家对于知识产生的相关研究。1962 年建立了一套关于信息产业的核算体系，奠定了研究"信息经济"概念的基础，1977 年，按照农业、工业、服务业、信息业分类的四次产业划分方法，得到广泛认可。二十世纪八十年代，美国经济学家又明确提出信息经济概念，并描述信息经济是一种以新技术、新知识和新技能贯穿于整个社会活动的新型经济形式，其根本特征是经济运行过程中，信息成分大于物质成分占主导地位，以及信息要素对经济的贡献。

（三）网络经济

"网络经济"概念的提出同二十世纪九十年代全球范围内因特网的兴起有着密切的联系。因此，网络经济又被称为因特网经济，是指基于因特网进行资源的生产、分配、交换和消费为主的新形式经济活动。在网络经济的形成与发展过程中，互联网的广泛应用及电子商务的蓬勃兴起发挥了举足轻重的作用。与知识经济、信息经济和数字经济相比，网络经济这一术语的区别在于它突出了因特网，并将基于国际互联网进行的电子商务看作网络经济的核心内容。

（四）数字经济

综上所述，知识经济强调知识作为要素在经济发展中的作用；信息经济强调信息技术相关产业对经济增长的影响；网络经济强调以因特网为主的经济资源的分配、生产、交换和消费等经济活动；数字经济则突出表现在整个经济领域的数字化。因此，知识经济、信息（产业）经济、网络（因特网）经济这些概念在同一个时代提出并不是相互矛盾或重复的，而是从不同方面描述当前正处于变化中的世界。"知识经济—信息（产业）经济—网络（因特网）经济—数字经济"之间的关系是"基础内容—催化中介—结果形式"。知识的不断积累是当今世界变化的基础，信息产业、网络经济的蓬勃发展是当代社会发生根本变化的催化剂，数字经济是发展的必然结果和表现形式。因而这几个概念相辅相成，一脉相传。

二、数字经济内涵的演进

(一)初级阶段

随着信息通信技术（ICT）的不断发展，以及应用范围的不断扩大，数字经济的定义与内涵也随之不断演进。在数字化早期，各国对数字经济的定义着重于宏观经济下的信息技术产业和电子商务。美国统计局在 1999 年建议将数字经济的内涵分为四大部分：（电子化企业的）基础建设、电子化企业、电子商务以及计算机网络。但近年来随着数字化的不断推进，美国对于数字经济内涵的界定延伸到了三个方面：虚拟货币，如比特币；数字商品和服务的提供，包括数字广告、在线产品如音乐等；互联网对商业交易的提升，包括顾客匹配、分享经济等。

英国政府在 2010 年将音乐、游戏、电视、广播、移动通信、电子出版物等列入数字经济的范畴，主要聚焦于保护文化产业的数字版权。2017 年英国政府深化了数字服务方面的管理，包括注重推动数字服务的发展、规范数字文化产业中的犯罪行为、强调知识产权，以及构建数字化政府。由此可见，数字经济的定义与重点逐渐转移至应用与服务方面。

(二)发展阶段

数字经济正处于蓬勃发展的阶段，不断进步的数字科技以及不断加深的数字化融合程度使得数字经济的内涵和范畴都在持续更新和泛化，互联网、云计算、大数据、物联网、金融科技及其他新的数字技术应用于信息的采集、存储、分析和共享过程中，改变了社会互动方式。数字化、网络化、智能化的信息通信技术使现代经济活动更加灵活、敏捷、智慧。关于数字经济，目前最具代表性的定义来自 2016 年将数字经济定义为：以使用数字化的知识和信息作为关键生产要素、以现代信息网络作为重要载体、以信息通信技术的有效使用作为效率提升和经济结构优化的重要推动力的一系列经济活动。

三、数字经济的意义

数字经济因其独有的技术性和融合性，成为区别于传统经济的独特经济体。其特征主要体现在以下五大方面：

(一)数字经济引领科技变革

数字经济的发展与信息科技的发展相辅相成、互相影响，主要体现在三个方面：

1. 基础设施形态的转变

人类历史上经历过数次技术革命，数字经济就是 20 世纪 80 年代信息通信技术革命的产物。这次技术革命将人类社会由工业时代的基础设施逐步转化为信息时代的基础设施。不仅包括计算机、互联网、电子通信这些通信基础设施，同样包括数字化改造后的传统物理基础设施，如数字化交通系统、智能电器等。大数据、云计算、物联网以及区块链等技术的发展与普及也将直接作用于数字时代基础设施的进化与提升。

数字经济作为一种技术经济范式，其数字技术兼具基础性、广泛性、外溢性、互补性等特征。不仅会带来经济社会进一步的阶跃式发展，也将推动经济效率的高速提升，进而引发基础设施、关键投入、主导产业、管理方式乃至国家调节体制等经济社会最佳惯性方式的变革。具有强烈网络化特征的数字技术重塑了经济与社会，数字化的知识和信息成为最重要的经济要素。

2. 数字化对创新产业的发展推动

数字经济对创新产业的影响可以分为以下三个方面：

第一，数字经济的发展推动了通信技术领域的科技创新，鼓励企业与个人对科技创新的投入，继而提高了科技创新的产出。自 2012 年以来，人工智能初创企业投资增长迅速。据统计数据显示，2016 年全球人工智能领域的投资交易比 2015 年增长 64%，共 658 宗，总融资额达 50 亿美元。

近年来，各国政府开始普遍认识到区块链技术在未来金融体系、公共服务、社会机制等方面存在巨大应用价值，并纷纷发布相关报告与政策，着力推动区块链技术在各领域的研究与应用。2011 年度，经合组织地区的企业研发支出总额中，信息通信技术生产行业和出版、数字媒体与内容行业的研发支出约占 1/4。2014 年，信息通信技术相关的专利占专利申请总数的 1/3，数据挖掘专利的占比在十年间增至 3 倍，机器对机器通信专利的占比增加了 6 倍。越来越多的创新产业聚焦高新科技领域，甚至着力开拓新兴未知领域。

第二，基于互联网的跨领域、协同化、网络化的特点，信息时代创新产业正在成为国家创新能力的核心和根本标志。多种多样的新型创新产业应运而生、蓬勃发展。数字经济的发展模糊了产业领域的界限，以及地理区域的限制，使得创新产业的发展更加开放、灵活、快速以及贴近用户。同时，互联网的连接性加大了创新产业的多元化，并在形式上降低了创业成本，鼓励融合创新、大众创新以及微创新。

第三，数据驱动型创新正逐渐广泛蔓延至各个领域，成为国家创新发展的关键形式和重要方向。以信息网络为载体的各种电子产品和服务将人与人、物与物以及人与物紧密连接，数据体量爆发式增长。数据资源的丰富影响了传统行业的生产管理，甚至产业模式。工业、农业、服务业都通过数据分析加深对产业各环节的理解，优化资源配置，精准定位市场及目标客户。新兴产业通过大数据发现更多待开拓的商业领域，促进产业的多面发展和市场的繁荣。

3. 数字化对人才构成需求的变化

数字时代对人才的要求不能仅满足于专业技能，数字技术已成为各行各业人才不可或缺的一项基本素质。计算机及移动设备在日常工作中的运用是各行各业在数字经济趋势下转型后的特点之一。能够使用数字设备，具备基础的计算机和网络知识，甚至利用工具实现简单的数据采集及整理工作成为数字时代对劳动力的基本要求。企业对专业人才的要求也不仅仅局限于专业领域的知识与能力，对互联网技术的掌握也成为企业寻找人才的基本诉求。而在互联网企业，信息技术人才的选拔同样也看重其对工业知识或者产业流程等知识的掌握。复合型人才已经成为企业与机构急需的劳动力类型。

各式各样的工作都对劳动力的数字素养提出标准更高的要求。ICT 行业对专业人员的需求超过 30%，但超过 60% 的欧盟劳动力认为自己的计算机技能不足以申请新工作。数字技术人才短缺的现象在世界各国都普遍存在，40% 的公司表示他们难以找到需要的技术人才。更为复杂的是，数字技术仅仅是一项基本要求，数字时代对人才的要求更加多元，跨领域技能、领导力以及创造力都将被列入考量范围之内。

随着数字经济在各行业领域的不断扩展，人们的工作形式以及工作内容都在不断转变。劳动市场对人才的需求不再受到地域的限制，通过网络聘用个人甚至团体都成为新时代的新选择。此外，数据时代的推进使得大部分简单劳动力将被逐步替代，各行各业对工作和任务的要求会更加偏向对人类核心能力的应用且机器无法完成的工作，并配合科技的使用带来生产力的提升。

（二）数字经济推动社会生活演化

政府、公共服务机构以及其他组织的机制与决策更加透明和高效。公民通过互联网进行信息传播、舆论监督以及诉求表达。这不仅为公民行使权利和义务开辟了新的渠道，也为政府收集数据，进行高效率的现代化管理提供了方便。此外，数字化的人才平台大大提高了人才市场供需匹配的效率，使得各行业在信息时代对人才多元化的需求被快速有效地满足。麦肯锡指出，数字化人才平台将在 2025 年为全球 GDP 总值贡献 2 兆 7000 亿美元，并提供 7200 万个全职职位。

数字经济的社会化融合改变了人们的生活、工作以及沟通方式，这种转变还在不断加速。它的出现极大地改变了个人、企业和社会之间传统的相互关系，并且与主要的社会经济系统产生重大的差异。数字技术的广泛应用减弱了国家与组织之间的物理界限，催生了众多民主参与、在线互动的网络社会圈与文化群，实现了跨越地域、种族、文化与宗教的互联。

另一方面，人与物、物与物的界限也都在被打破。人工智能（AI）、虚拟现实（VR）、增强现实（AR）等技术的发展使得"人机融合"得以实现。信息物理系统，以及各种探测器的出现使我们身边的物体能够自我管理、收集信息、远程控制、实时交互，实现物与物之间的紧密协作。综上所述，数字经济事实上是一种并行于工业经济、农业经济的经济社会形态。

（三）数字经济推动经济结构改变

数据体量的增长和产业的透明化逐渐打破了需求与供给之间的壁垒。信息技术的提升使得企业可以优化目标客户的搜寻过程，降低搜寻成本，从而优化供需端的经济结构，释放被浪费的资源，促进经济的增长。与此同时，大数据技术在用户需求的挖掘方面起到了至关重要的作用，企业能够通过数据进行用户画像，有针对性地设计更符合用户需求的产品，甚至实现面向更小众客户群体的个性化设计和生产，降低企业供给成本。

此外，产业结构的优化与改变也催生了新的经济模式，如分享经济的产生，以及线上线下融合的新产业模式。分享经济，又称作"协同消费"，指消费者利用线上、线下的社区（团、群）、沙龙、培训等工具进行"连接"，实现合作或互利消费的一种经济模式，包括在拥有、租赁、使用或互相交换物品与服务、集中采购等方面的合作。具有代表性的分享经济商业模式有 Airbnb、Uber、滴滴、共享单车等。

线上线下融合的新产业模式是指以线上平台为主要模式的企业开始发展线下服务，如开设门店、提供上门服务等，以及以线下经营模式为主的产业开始主动关注并搭设自己的线上平台，促进线上线下统一发展的融合型经济模式。这种模式不但激发了市场活力，也优化了服务质量，扩展了个体总边际收益。

（四）数字经济对全球发展的影响

数字科技将全球各国更加紧密地联系在一起。在数字经济的影响下，电子商务、泛娱乐产业、信息服务以及人力资源都具有全球性。因此，世界各大组织均对数字经济保持高度关注。各国也纷纷推行相关政策着重发展数字经济，并制定了一系列区域合作发展策略。

资源的广泛传播与多方区域合作的全面开展，使得数字经济对全球各国的影响具有整体性。因此，数字经济局部的发展变化必将牵一发而动全身，直接或间接影响全球数字经济的发展。

第二节 数字经济政策的演变

数字经济是建立在新一代信息技术之上的经济形态，其理论基础、发展规律与传统经济有很大不同。发展数字经济所需要的政策体系与传统经济也有很大差异，这对未来数字经济的发展提出了新的挑战。因此，需要在深化认识的基础上，研究出台与数字经济相适应的政策体系。

一、数字经济政策综述

（一）中国现有数字经济政策

1. 国家文件和政策

从 2012 年开始国家出台了系列文件，对云计算、宽带中国、"互联网"和大数据、智能制造进行规划；2017 年开始对共享经济、工业互联网、数字经济进行部署，在开展数字基础设施建设、加快行业信息化、鼓励竞争、降低税费、实行补助、政府采购、推动国际合作等方面制定了政策；2020 年推出"数字化转型伙伴行动"，专门为中小企业提供数字化转型共性解决方案。

2. 地方文件和政策

广东、浙江、贵州、广西等地出台了数字经济发展综合性规划，还有一些地区制订了大数据、"互联网+"等数字经济专项规划。地方政府侧重于规划发展方向、鼓励引进企业和人才、给予经费补贴、落实税收优惠、加强金融支持、打造智慧城市等，在有限条件下对数字经济给予力所能及的支持，但对于如何运用市场机制发展数字经济缺乏制度安排。

（二）国外数字经济政策

1997 年日本提出"数字经济"，其后提出建设"超智能社会"。目前多数经合组织国家出台了数字经济发展议程，普遍实行国家干预，部分由政府主导数字基础设施建设，普遍重视数字经济专业化教育，多数国家列出关键技术进行突破，强调对人工智能扶持，韩国还提出培育信息科技企业，等等。

二、数字经济政策体系的理论依据

目前数字经济尚处于起步阶段，还未形成国际公认的理论体系。但是数字经济实践对传统经济学形成重大冲击，显示出与传统经济比较系统的理论差异，这为制定数字经济政策提供了重要依据。

（一）数字经济与传统经济的理论差异

数字经济是在传统经济基础上发展起来的，多数西方经济学理论仍然适用于数字经济，如"经济人"假设、产权理论、契约理论、分配理论等。但是数字经济也给传统经济学带来了改变。有些是对传统经济理论的补充和拓展，如网络理论在过去分工基础上更加强调协作；作为重要技术分支的数字技术，通过数字化赋能改变其他资源要素组合的禀赋，形成内生增长机制等。有些则是对传统经济理论的突破，甚至形成质变，如市场理论、边际理论、垄断理论、企业边界理论等。具体差异如下：

1. 市场调控理论不同

传统经济中市场主体只有自发调节而没有主动调控功能。数字经济条件下，市场主体从过去的生产方、消费方两方，又增加了网络平台第三方。网络平台具有"看不见的手""看得见的手"两种功能。在这里"看得见的手"的主体不再完全是政府，或者说政府的调控职能部分让渡给平台。作为"看得见的手"，平台掌握市场供求等资源配置的信息，能够通过大数据对市场进行准确分析和预测，用大数据结果引导社会生产，增进全社会资源配置规划的科学性。平台也具有资源配置手段，既可以通过开辟新领域和强化资源定向配置，也能通过技术手段（如算法和排序）引导资源配置方向，从而使平台具有部分宏观调控功能。

2. 边际理论不同

传统经济由于边际成本先减后增、边际收益先增后减，综合成本呈现前后两端高、中间低的"U"形曲线。数字经济中固定成本虽然较高但比较稳定；边际成本较低并且始终是下降的，当达到一定规模时几乎为零。如从网络上下载软件、电影、歌曲等数字产品，基本不需要新增加成本，但企业边际收益和社会总收益却是上升的。

3. 供求理论不同

传统经济中，市场价格由供需双方形成，产品因稀缺而增值，产品越多越贬值。而大数据产业则相反，数据作为重要的资产可以进行交易和分配，单一的数据并不值钱，数据越多越有价值，数据的个体和总量都会越多越增值。此外，平台经济中，供需不能面对面协商形成均衡价格。一部分产品由供方根据供需调整价格，这与传统经济相似；还有一部分产品不根据供需调整价格，甚至宁肯赠送也不调整价格，如一些专家的网络慕课。它既不能根据供需判断价格，也无法随时调整价格，因为它不像传统经济那样可以讨价还价和一对一降价，如果在信息公开状态下调整价格会引起纠纷，因而数字经济与传统经济价格形成机制是不同的。

4. 交换理论不同

在传统经济中，商品生产者出让使用价值才能获取价值，商品购买者支付价值才会拥有使用价值，所有权与使用权总是统一的；但共享经济中所有权与使用权基本是分离的。共享经济也不同于租赁经济，区别在于租赁者虽然没有物品所有权，但有使用权和控制权；共享经济中缴纳租金和押金后仅获得了使用权，而没有所有权与控制权。以共享单车为例，使用者通过交押金和租金获得了使用权，但使用过程时时在所有者控制之中，一旦超出边界其使用权就会受到限制。

5. 企业价值理论不同

传统经济下企业价值的表现形式是办公楼、厂房、设备、技术；而数字经济企业价值除体现在技术方面外，很大程度体现在资本市场对其成长性的预估中，如阿里巴巴、科大讯飞等"独角兽"的市值。虽然科大讯飞实际赢利情况并不乐观，但出于对其技术市场前景的预判，资本市场估值一直比较高。传统产业不具备高成长特性，虽然可能有较高市值，但往往因不具备高成长性而没有更高的估值。

6. 商业模式理论不同

传统经济的盈利点在于核心产品和主营业务；而数字经济中主要产品、主营业务相当一部分是免费的，从附带产品、附加业务中赚钱，盈利点是产品和服务收入来源之外的伴生利润。用户可以免费享受互联网企业提供的产品和服务，而网络企业的利润来自广告业务，其利润大小通常由网络企业服务人群的数量来决定。此外，传统经济赢利不分先后；而数字经济的服务平台，都是先引起足够客户关注，然后再利用客户规模赢利。有些平台甚至倒贴资金吸引注意，客户达到一定规模才能赢利，如起步阶段的滴滴出行等。

7. 竞争理论不同

竞争理论是经济学的核心理论。竞争理论经历了漫长的发展演变过程，但无论古典竞争理论，还是现代竞争理论，"竞争主体"至少是清晰和对等的，或者是企业的对等竞争，或者是商品的对等竞争，或者是环境、政策的竞争。但在数字经济中，

"竞争主体"不一定是参与竞争的主体，如"跟谁学"与"钉钉课堂"两个慕课平台的竞争，人们优先考虑的不是慕课本身的功能，而是捆绑软件的附带功能，即"非竞争主体"功能。不少学校正是因为看重"钉钉"软件的钉盘、钉邮、打卡、通讯录、电话会议等"非主体功能"而确定选择"钉钉课堂"这一"主体功能"。因此，在数字产品竞争中，数字产品生态体系成为优先选择，而主体功能倒降为其次。传统经济中"买椟还珠"、主次不分的笑话，在部分数字经济中竟成为知识。

8. 垄断理论不同

传统经济下的垄断相对容易认定。而在数字经济条件下，垄断往往是平台经济的存在形式，由于创新，先入市场者自动获得50%以上的份额和市场支配地位，并且优势一旦出现就会不断自我强化，形成"赢家通吃"的局面。由于平台经济的特性，其后出现的竞争者往往与先进入市场者共同形成寡头垄断局面。传统经济中市场一家独大或寡占时会降低资源配置效率，而平台经济的寡头现象是网络效应下规模经济的客观要求。因为平台越大，资源配置概率越高，对社会越有价值，而不会出现传统产业中寡头垄断造成资源浪费等损害市场的现象。

9. 企业边界理论不同

企业规模大小存在边界。传统经济中，企业规模取决于内部管理费用与外部市场交易费用的平衡，外部成本大于内部成本时企业规模就能扩大，内部成本大于外部成本时企业就需要拆分。平台经济中，由于外部交易成本小，反而使企业始终处于扩张状态，数字平台控制的最优边界是"全域"。因为由于网络技术的发展，外部交易成本无限降低，管理幅度可以无限增大，直到信息和服务覆盖的"全域"边界。

10. 货币理论不同

货币是所有者之间关于交换权的契约，传统经济的货币虽然与贵金属脱钩，但仍由发行机构进行信用背书。比特币等数字货币在货币职能方面与传统货币相同，但数字货币过去发行不依赖任何央行和政府，没有资产作支撑，也没有任何机构组织作信用担保。当然，数字货币的缺点并不是不可改变的。中国正在创新设计的以人民币为支撑的数字货币，兼顾了传统货币与数字货币的优点，未来发行后将在国际数字货币体系中占据重要位置。如果中国数字货币首先发行，将对美元流通监管霸权形成冲击。

11. 信用理论不同

数字经济与传统经济都存在信息不对称的状况，尽管数字经济信息不对称性较弱，因此都注重加强社会信用建设。但传统社会信用主要来自于权威机构，信用注重中心化、中介化，即信用是超大型机构建立的，需要中介服务行业在使用中强化信用。

而数字经济的信用系统有去中心化、去中介化特征，特别是区块链技术，完全靠分散化信用支撑。或者说，数字社会更信任机器算法，如果算法的公正性出现问题，则会丧失社会信用基础。韩家平认为，数字经济条件下的信用关系降低了交易摩擦系数，反而实现了更高效率的资源配置。

（二）数字经济与传统经济发展规律的差异

1. 规划侧重不同

传统经济中，政府对产业的规划原则一是优化、二是平衡，选择若干重点产业、关键技术给予支持，支持方式以要素保障为主。数字经济中的所有行业都应该发展，但数字经济的可复制特性，需要重点规划能突破、可示范的领域。如广东省侧重构建"管运分离的管理架构、整体协同的业务架构、集约共享的技术架构"，贵州省根据优势确定了创建全国数字经济融合示范区、惠民示范区、创新新高地的定位，福建省则侧重打造让群众"不跑腿"或"少跑腿"的网络服务平台。在具体措施上，几个数字经济大省都注重建设试点和示范工程，无论是大数据、物联网、云计算、智能制造等数字产业项目，还是智慧城市、智慧医疗、智慧停车、智慧井盖等数字技术应用项目，只要试点成功，就可以低成本大规模推广，这也是与传统经济的不同点。

2. 布局规律不同

传统经济按照经济地理学进行布局，讲究区位因子，把原料、燃料、劳动力、市场等区位因子作为布局考虑的主要因素，同时在空间布局上注重发挥聚集效益。数字经济按照新空间经济学进行布局，虽然同样考虑区位因子，只不过它的区位因子主要是人才，所以数字企业一般选择在人才比较集中的地方进行布局。同时，数字经济不太追求物理空间上的集中，而是讲求虚拟空间集中。即使是智能制造，也是在分散与集中相结合、虚实相结合、人机相结合的网络空间。因此，追求物理空间与虚拟空间集中结合是数字经济布局的特殊规律。

3. 建设规律不同

传统经济条件下，政府要为企业创造良好的环境包括，建设"九通一平"的基础设施及学校医院等公共设施。数字经济条件下，社会既需要为企业服务的产业互联网、数据中心和企业云等专业信息基础设施，也需要为群众服务的电子证照系统、社会信用平台、数据共享平台以及政务云等公共服务平台。这些信息基础公共设施，比传统基础公共设施更需要讲究科学性、专业性、统一性以及操作便利性。因此，决策的科学性极为关键，需要做到各种信息设施博采众长、标准对接，同时成本和价格又具有竞争力,这对数字经济公共设施建设提出了更高要求。

4. 技术发展规律不同

传统经济和数字经济都非常注重关键核心技术,强调自主知识产权的重要性。但传统经济的主要构成是硬科技,而数字经济多是硬科技和软创意的有机结合。数字技术可以由架构师把技术分为若干单元,安排全球最有优势的人才群体进行开发,然后集成为一项新技术。某一片段程序并没有价值,或者开发者不知其实用价值,只有系统集成后才具有价值。因此,华为公司在德国、俄罗斯、印度等多个国家设立了研究所,把不同技术单元安排在不同地区开发。也就是说,利用网状人才组织开发技术后进行系统集成,是数字技术不同于传统技术的特征,它为数字技术在更大范围内柔性研发提供了可能。

5. 企业培育规律不同

传统企业发展瓶颈通常是资金、技术、人才、厂地等,政府通过给有市场前景的企业以帮助,促其快速做大做强。数字软科技企业的产生多来源于信息硬科技基础上的一种独特创意,发展得益于对经营模式的创新;或者说,数字企业的产生得益于企业家的相互启发、切磋、真传,如杭州在出现了阿里巴巴后,又出现了蚂蚁金服、点我达、数梦工场等20多家数字"独角兽"企业。企业能否成长壮大,关键看它的创意和模式是否能够挖掘社会的潜在需求,政府对此力不从心,只能为创意者创造相互启发的环境。

6. 监管规律不同

在传统市场只有生产方、消费方两方的情况下,政府只需要加强对生产方的监管就可以,监管内容包括产品质量、能耗排放、纳税、信用等方面。数字经济条件下市场增加了平台方,平台具有半企业、半公共机构性质。因此,需要增加政府监管平台、平台监管企业、政府与平台合作监管企业三种新模式。政府对平台的监管,侧重于对公平、安全、债务、权益等方面的监管,以使平台更好发挥公共服务作用。

(三) 数字经济的发展趋势

1. 从发展方向看,万物互联与全面智能化相互叠加是目标。人们将很快从互联网迈入产业互联网、物联网,在可预见时间内进入全面互联互通的时代,人、机器、设备、数据将全面联通,并实现人机实时交流互动,社会进入网络泛在联接与全面深度智能化双重叠加的高级信息化时代。

2. 从发展进程看,经济社会从单纯网络化向全面数字化、人工智能大规模应用迈进。随着网络进一步多功能化，价值网络化、制造智能化广泛应用，云计算等网络服务逐步普及，大数据更具开发利用价值，数字经济业态在经济中的比重上升。人工智能通过多学科交叉融合增强科学发现能力，通过强化语音识别、计算机视觉等扩展外界认知能力，通过与生产生活场景结合，能够逐步满足人们的更高期待。

3. 从发展任务看，当前需要重点做好产业互联网建设推广工作。数字化带来产业融合、生产方式融合，网上定制、柔性制造、远程操控将成为主流生产方式。与此相适应，需要做好产业互联网的建设和普及工作，通过它们重塑生产主体、生产工具、生产对象和生产方式，在虚拟时空中拉近生产、服务、消费的距离，以尽快提高经济社会效益，实现从传统经济向数字经济的动力变革。

4. 从发展要求看，不同层级主体的难题就是数字经济技术的突破口。对于国家来说，关键是做到数字技术领先、信息安全有保证；对于省市区来说，关键是加深"两化融合"，提高数字经济比重；对于市县来说，关键是加快数字技术应用，提高经济社会效益。对于企业来说，需要突破关键技术，所有核心技术都能自主可控；对于社会来说，要求数字技术应用更全面、生活更方便。例如，合肥市数据资源局征集意见列出了车位少停车难、看病耗时长、卡多烦恼等100个生产生活难题，针对这些难点利用数字技术创新应用，就能取得突破和进展。

5. 从发展影响看，数字经济引发的社会问题和法律问题需要引起关注。数字经济影响最直接、最紧迫的是就业，随着大量工厂的智能化生产，"机器换人"成为常态。与此相联系，大量工人收入增长减缓，甚至失去收入来源。由于数字经济总体趋向于垄断，收入差距会逐步扩大，社会财富将进一步集中。同时，网络化带来的技术风险、隐私与安全等问题增多，需要建立新的规则体系。

6. 从发展格局看，数字经济技术发展不平衡呈加剧趋势。从全球看，美、中、日、英、德、韩、俄、法等少数国家依靠数字技术抢占竞争制高点，多数发展中国家数字技术落后，各国数字经济发展差距扩大。从国内看，数字技术创新集中在少数发达省份，如"独角兽"企业主要集中在"北上广深杭"。因此，中国引领"一带一路"数字经济技术合作会受到普遍欢迎，在国内促进落后地区数字经济发展也是努力方向。

三、数字经济发展需要的专用政策

（一）加强数字经济发展顶层设计和总体布局

1. 完善管理体制

现在从中央到地方，各级信息管理机构都是网络安全和信息化委员会及其办公室，应改为信息化和网络安全委员会及其办公室。名称的改变表面上是顺序变化，实质上是工作职能的变化、领导力量的调整，即把工作重点和主要力量放在信息化上。实际上，建设的难度要远远大于管理，以信息化为主的管理体制有助于增强工信部门的权威。同时，应鼓励地方探索设立数字经济发展机构，如安徽本次机构改革，省市县增设数据资源管理局；条件成熟时再选择推行最合理的管理体制。

2. 统筹数字经济技术发展

在梳理数字经济相关行业、关键技术基础上，不仅对人工智能、大数据、云计算等数字产业要有所规划，而且对计算理论、数据挖掘、信息检索、机器学习、多媒体技术、推荐系统、人机交互等关键技术要着手突破，还应对数字制造、数字组织、数字生活等多种应用场景进行重构再造。如人工智能、物联网等涉及的高端传感器种类繁多，大部分中国还不能生产。应规划不同单位承担不同技术攻关任务，避免大量技术无人进入和重复投入并存，形成各行业、关键技术、具体应用等领域全面发展、重点突破、相互衔接的数字经济技术生态系统。

3. 优化数字经济技术区域布局

中国各地发展数字经济具有不同基础和优势，需要根据各地特点实行差异化导向，鼓励发展数字经济技术的不同侧重点。例如：北京集中了全国数据总量的 70%，因此雄安新区应在发展云计算、大数据、金融科技等方面着力；广东省深圳等地电子信息产业发达，产品技术配套容易，可侧重打造数字技术和数字产品高地；浙江省和福建省在信息硬技术与软服务结合方面有优势，可以在数字车间、网络定制、环境监测、决策优选、公共服务等方面进行试验，探索数字技术应用新领域。通过发挥各地数字经济技术优势，实行差异化发展，避免同质竞争、资源浪费，各地将来可以互学互鉴。

4. 科学推动数字产业园区发展

数字经济聚集效应尽管较低但仍有传统产业的聚集效应，企业聚集可以促进技术交流与传播。对于数字经济"硬件制造"产业园来说，生产成本、供应链和配套关系非常关键，目前应重点向新兴硬件产品过渡，实现产品更迭升级；对于数字经济"软件制造"产业园来说，过去多是外国软件"服务外包"业务，今后应向自主创新软件发展。与传统经济不同的是，数字经济物理空间不一定高度集中，政府可为企业创造"虚拟产业园"，依靠市场和技术力量促进数字企业虚拟聚集，产业形态从"聚集"转变为"聚合"，更加注重企业的内在联系与协作。

（二）功能性政策

1. 主导新型信息基础设施建设

信息技术升级相应需要信息基础设施同步跟进。互联网从传输信息开始向传输数据资产过渡，需要通过技术升级转变为价值互联网，如发展数字货币需要建设新一代货币基础设施。无人驾驶汽车运行需要大量地面传感器，在高速公路及城市道路新建改建过程中，需要提前规划和建设。5G网络因为频率高而需要建设更多基站，需要对高速大容量光通信传输系统、5G通信网络等提前规划建设，支撑实现5G环境下的互联互通。同时，还必须努力降低数据传输、存储、交易和分析的成本，通过大规模应用实现快速发展。

2. 筹划数字经济专用设施建设

当前最需要建设的是产业互联网平台，通过它在全球范围内快速聚集异地协同设计、网络众包等制造资源与需求，提升协同制造能力和国际市场占有率。国家应进行统一规划，研发产业互联网通用软件，解决研发设计与操作存在的共性问题，让多数企业实现网络化智能制造。同时，由国家主导建设大数据基础设施、云计算中心，包括基础信息库，教育、医疗、交通、旅游、气象、环境、民政、文化、质量、安全、农业等各类专业数据库，实现政务数据和公共资源的"虚拟集中"，方便对外开展服务。对于以企业为主建立的大数据基地，如河北张家口、廊坊、承德等地，国家应通过规划引导其他新增服务器在此相对集中摆放，既节约能源资源，又方便统一管理和开发使用。

3. 营造数字产业创新生态

数字产业发展的好坏取决于它的发展生态，这种生态多数是自然形成的，但政府主动作为也非常重要。政府可通过整合资源，打造数字产业众创空间、新型孵化器等，配合以"创业辅导、专业孵化、创业投资"相结合的创新辅助体系，构建创意、创新、创业有机联系并聚合共生、自我发展的数字产业生态圈。

4. 集成优选数字应用方案

目前仅智慧城市建设就有多种方案，各有所长所短。如果不进行比对、集成、优化，不同城市会采用不同方案和标准，最后不仅会造成智慧城市多种多样，而且会各有所短、互联困难。在这种情况下，政府应及时介入，组织多个智慧城市方案设计单位，进行比对集成，确定基本建设单元和自选单元，制订标准体系，为将来不同智慧城市对接奠定基础。

5. 推进公共服务数字化进程

数字经济的一个重要特点就是渗透性，它不仅能向所有产业渗透，实现产业数字化，而且能向所有公共领域渗透，做到所有政府机构服务数字化。如区块链技术方便数据并联处理和信息共享，应尽快在风险较小的政务审批"一网通办"中推广使用。鼓励政府所有公共服务领域加快数字化步伐，在扩大数字产品和技术应用的同时，提高政府的服务质量和群众便捷度。

6. 实现数据资源的开放和交易

现在政府公共部门有大量数据，但由于习惯和保密原因一直未能公开。要把数据资源变成产业，需要国家或地方研究出台数据开放政策，对于政府部门的大量不敏感和低敏感数据，应允许脱敏后公开进行交易。建立公共数据"负面清单"，界定数字企业向政府免费提供和有偿转让的范围，同时鼓励行业协会、科研机构、社会组织等单位向社会公开非涉密数据。对于具有经济价值的数据，应依托企业建设数据交换交易平台，建立正常的数据交换和流通机制，形成数据交易市场。政府先以"政策"形式，探索建立数据交易的程序、标准、规则和制度，条件成熟后再上升为法律。

（三）选择性政策

1. 增加对数字基础软硬件产业的扶持

在数字经济领域，中国在基础科学方面比较薄弱，而在应用环节投入较大，因为企业更重视容易带来效益的应用产业和应用领域，如智慧城市、物联网、多媒体技术等，尤其注重为行业企业提供产品、服务和解决方案，以商业化达到快速发展的目的。近年来，在国家引导下，中国在计算理论、算法等基础层和芯片、传感器等核心元器件方面有了快速发展，但与美国仍有较大差距。中国软件规模不小、应用广泛，但软件自主可控能力较弱。社会大量使用的基础软件，包括操作系统、数据库、联接系统软件与应用软件的中间件，还多是国外产品，应对全国使用的基础软件进行筛查，根据安全程度和影响范围开展替代软件的编制。总之，通过增加对数字经济基础理论、核心元器件、基础软件的投入，夯实发展基础，避免关键节点受制于人。

2. 集中力量突破关键数字技术

数字经济发展需要关键技术、关键环节的突破，例如，大数据产业的数据挖掘技术，产业互联网的精准控制和感知技术，人工智能发展需要的综合感知、逻辑推理等技术。特别应在高端芯片、量子计算等领域取得突破，以在未来国际竞争中占据有利位置。更重要的是，应从关键技术中区分可悟技术与非可悟技术，对必须耗时积累的非可悟技术投入更多时间和人财物力。

3. 扶持"两化融合"示范企业工程

目前"两化融合"进展不够理想,原因是体制不顺、优质方案供给不足。多数企业搞 IT 的不懂产业,搞产业的不懂 IT,拿出的方案、产品、软件不能满足企业要求,更不能让行业内其他企业看到"两化融合"的投资价值。如钢铁行业,多数钢铁企业"两化融合"不成功,但上海宝钢由于产业人才和 IT 人才互懂对方专业和语言,因此"两化融合"比较成功,其方案可供其他企业学习借鉴。对于国家来说,应该每个行业选择一两个龙头企业进行扶持,鼓励率先进行数字化改造,对其成功的"两化融合"方案、产品、软件向全行业有偿推广。

(四) 竞争性政策

1. 鼓励和放开数字技术应用服务竞争

整个社会需要高品质服务,不同群体还需要差异化服务,这为数字应用服务提供了竞争空间。应推行总分经营模式:对于数字经济基础设施和骨干网络,宜由国有企业投资,采用统一技术标准;对于应用技术和增值服务、延伸服务,应由民营企业进行竞争性运营。政府鼓励和放开竞争,利用竞争机制激发创新创造活力,提供更加丰富有效的数据工具,挖掘数据利用深度,提高服务质量,并最大限度地降低成本。

2. 慎重判定垄断

数字经济与传统经济在垄断上有很大差异,由于网络效应赢者通吃,按照传统观点应该判定为垄断,但数字经济的动态效应决定了多数垄断不会持久,由于颠覆性创新会迅速打破,当然,也存在强者恒强的现象。现有反垄断规则主要针对静态工业经济,对于动态的数字经济却不适用。对数字化企业是否垄断应纳入更多新因素进行评估,目前应慎重判定垄断,根据一段时间的经验积累再制定政策。

(五) 拓展性政策

1. 积极参与和主导全球平台经济建设

目前中国电子商务等平台经济走在各国前列,随着各国对本地产品外销需求的增长,建立涵盖多个国家、运用多种语言、支付不同货币的全球电子商务系统成为可能。2019 年瑞士达沃斯论坛上 76 个国家签订了共建电子商务论坛协议。中国应主动帮助不发达国家建立电子商务系统,纳入全球电商平台和仓储物流系统。积极推广中国网上支付系统,鼓励与中国开展的电子商务采用人民币结算,努力通过跨境电子商务促进中国的国际贸易和人民币国际化。

2. 主动开展国际数字经济技术合作

以人工智能为例，它不单纯是一项技术或技术组合，而是涉及所在国家的大数据基础。如果没有所在国家的数据支撑，人工智能就会水土不服、智力不足。因此，对于在语音识别、计算机视觉、人机交互等应用领域取得一定成就的企业，应鼓励其与其他国家企业合作，利用对方的数据信息，提高人工智能的适应性，在共同进步中拓展业务范围。对于大数据、云计算等，从技术开发后期就合作，有利于避免技术成熟推广时被大国"封杀"的被动局面。如 5G 技术如果早一点与德、法合作，或允许他们参股，在全球布局时就会水到渠成。当然，这是企业行为，政府只能引导和服务。

四、数字经济发展需要的通用政策

（一）要素政策

1. 人才政策

随着数字经济的深入发展，更缺少懂信息技术的复合人才，如"懂编程和区块链技术的律师才是好会计"。应从三方面解决人才问题：一是引进人才，出台与收入、职称、住房、子女教育、绿卡相关的政策，吸引留学数字技术人才回国；二是使用人才，鼓励有条件的企业在国外设立实验室招收高层次人才工作，或安排课题在国外招标完成；三是培养人才，除在高校培养人才外，更加注重通过学术交流、工作使用、团队思想碰撞等方式，在实践中培养出所需要的人才。

2. 金融政策

虽然数字经济是高新技术产业，但由于没有抵押物申请贷款比较困难。近年去杠杆过程中，不少软件企业融资环境不但没有改善，反而有所恶化。有些软件企业过去是小微企业时享受低利息贷款优惠政策，成长为中型企业后贷款反而更加困难。解决融资问题有三条途径：一是完善科技金融协同服务体系，创新科技信贷产品和模式，更好地服务于数字经济发展；二是在各地新兴产业基金中设立数字经济专项，改进基金运作方式，发挥基金管理机构对数字经济投资项目的选择主导权；三是充分利用数字企业对资本市场的吸引力进行直接融资。

3. 土地政策

数字经济除少数制造、存储企业需要土地外，多数企业更需要吃住方便的写字楼。数字企业需要的建设用地，因为用地量小和高新技术的原因，各地都比较容易满足。

现在需要从促进发展的角度，满足数字企业的特殊空间要求。一是在大城市周边规划设置专业化的数字经济小镇，安排一个或多个数字产业聚集发展；二是在城市内部规划建设符合数字经济发展要求的产业社区，提供所需要的基础设施和配套服务；三是利用城市"退二进三"的机会，对搬迁后的企业厂房、办公室进行改造，满足初创数字企业低成本发展的要求。

（二）财税政策

1. 税收政策

目前数字企业均享受高新企业通用优惠政策及对软件和集成电路企业的专门优惠政策，将来条件成熟时再根据不同数字产业的特点，研究出台有针对性的税收优惠政策。最重要的是落实退税政策，按规定软件企业缴税即征即退，但实际做不到，有些地区需要找熟人沟通，有时晚几个月，将来需要纳入法制化、规范化渠道。

2. 财政政策

数字企业从过去低竞争、高利润，逐步发展为高竞争、低回报、见效慢的行业，一些数字企业甚至"独角兽"也在重新洗牌。数字经济发展主要靠市场竞争，但财政政策也可以有所作为。例如：采取贷款贴息、融资增信、代偿分担等方式，降低数字企业的投入和运营成本；实行奖补政策，对数字经济平台建设、工业 App 开发、检验检测、跨界合作、优秀解决方案等给予一定补贴，以推动数字经济相关领域的创新发展。

3. 政府采购政策

在数字企业发展初期，政府采购有重要帮助作用。应完善政府采购配套政策，如针对目前云服务发展趋势，政府应从自己建设转为采购第三方云服务。在招标中优化程序和服务，如目前数字项目招标都需要缴纳保证金，对于中小数字企业来说是一笔不小负担，保证金完全可以通过银行出具担保函来代替，政府需要出台相应政策。

4. 降成本政策

云计算中心、超算中心、灾备中心特别是大数据运算存储基地耗电、耗水、占地，多数大数据存储基地建在不发达地区，如贵州、黑龙江、宁夏、河北张承地区。该产业拉动当地经济和就业增长很少，但作为数据仓库，投入多、维护费用高，如果用户少、收益低，对投资者具有较大风险。应执行两部制电价，完善信息基础设施用地、用水扶持性政策，进一步降低企业建设和运维成本。

（三）企业政策

1. 裂变政策

数字化企业受时空限制小，企业裂变后可以利用母公司成功模式，快速实现企业裂变后的几何级增长。如京东数字科技公司裂变出京东金融、京东农牧等多个子公司，每个子公司立足原企业模式，通过绑定高管与公司利益调动其积极性，迅速开辟新业务并发展壮大。政府应因势利导，促进优势数字企业进行裂变，在防止数字企业垄断的同时，推动企业拓宽经营领域并形成新的竞争优势。

2. 扩张政策

对于具有市场前景的数字企业，引导其采用众筹、众包、"互联网+""区块链+"等新模式，快速解决其发展需要的资金、技术、市场、管理问题，使其迅速发展壮大。对于非数字企业，政府应提供系统化解决方案，引导其开展数字化、智能化改造，促进技术升级、降本增效，提高扩张能力。

（四）社会政策

1. 就业政策

数字经济能创造就业机会，但更会减少大量就业机会，特别是人工智能的运用，将使社会用工呈现减少趋势。如高校的化学试验是一项比较复杂的工作，现在已经能够用智能机器人代替。对于企业来说，追求效益最大化是主要目标，为保持领先地位很少会顾及自动化对员工造成的损害。对于政府来说，就业优先是目标，但面临人工智能发展与就业二选一时，不能期望企业家站在道德制高点上谨慎裁员，应尊重企业选择人工智能而逐步裁员的事实。因为各国人工智能生产和使用企业都面临着劳动生产率的竞争，千万不能为了扩大就业而限制人工智能的发展和应用。

2. 教育政策

"根据世界经济论坛数据，今天上小学的孩子有65%最终将从事现在还不存在的全新职业。"今后十年传统产业就业会大幅减少，与数字经济有关的就业会成倍增加。这要求中国从现在开始就着手大中小学教育内容和教育体制的改革：教育应从以死记硬背为主转向以探索问题为主，考试应从以标准答案为主转向以独立思考为主；同时调整高校学科结构，减少传统学科和就业困难的专业，增开与高新技术特别是与数字经济有关的专业，使教育结构更加适应未来人才需求。

3. 分配政策

由于数字经济特别是人工智能的发展，财富出现越来越集中的趋势，因为人工智能创造的价值会逐步高于自然人。数字经济时代需要通过重大改革来实现政治、经济和社会的再平衡。当然，中国将来即使实行"一人一份工资"，也不是救济和福利，而应把过去属于公益活动的工作，如陪护老人、植树等，让大家参与其中，在公益工作中获得收入并感受人生的价值。

总之，促进数字经济发展需要研究出台多方面政策，应注重叠加使用，放大政策效果。只要不断总结数字经济发展规律，建立起完备的政策体系，充分发挥其引导和促进作用，数字经济就能得到快速健康发展。

第三节 数字经济的新特征

新产业是新旧动能转换的支撑，而数字经济已经成为世界各国国民经济中最具活力且重要性不断加强的领域。数字经济作为新动能不断发力，是与其四个新特征紧密联系在一起的。

一、颠覆性变革不断涌现

科技创新是经济发展的根本推动力。任何产业的发展都离不开技术的变革，但是数字经济与传统产业领域的创新存在巨大的差异。克里斯滕森在对传统产业研究的基础上提出了"颠覆性技术"的概念。他认为，持续性技术是针对市场上主流客户长期关注的性能，对成熟产品性能的改进，而颠覆性技术带来了主流客户所忽视的价值主张。一般来说，颠覆性技术往往从利基市场或新出现的需求起步，通常价格更低、性能更简单、体积更小、便于客户使用。即使颠覆性技术或颠覆性创新对领先企业形成巨大挑战甚至导致领先企业失败，但其着眼点仍在传统企业，创新的频率、影响力和广度都无法与数字经济相比拟。

当前新一轮科技革命和产业变革正在全球范围兴起，数字技术、先进制造技术、新材料技术和生命科技加快成熟和商业化，其中包括互联网、移动互联网、云计算、大数据、物联网、人工智能（AI）、虚拟现实（增强现实/混合现实）、区块链、3D打印等在内的数字技术无疑是新科技革命和产业变革的核心驱动技术。与传统产业相比，数字经济的创新呈现创新频率高、影响大和覆盖范围广的特点。具体而言，体现在如下方面：一是创新频率高。传统产业的技术相对比较成熟，技术突变少，新技术多与原有技术存在相似性和演进上的连续性。即使出现颠覆性技术，当其成为行业的主导技术后，也会进入一段持续时间较长的技术稳定期。例如，液晶电视取代阴极射线管电视、智能手机取代功能手机后，电视、手机的技术路线已经保持十余年的稳定，新技术主要是对产品性能的进一步提升。而在数字经济领域，持续不断地有新技术成熟并进入商业化阶段，形成新产品或新的商业模式。二是影响大。数字技术或新一代信息技术是典型的通用目的技术。通用目的技术具有得到广泛应用、进行持续的技术改进、可以在应用领域促进创新等特征。也就是说，通用目的技术不仅能够在多个行业甚至国民经济和社会的更广泛领域获得使用，而且会使其他产业的产品形态、业务流程、产业业态、商业模式、生产方式、组织方式、治理机制、劳资关系等方面产生颠覆性变革。三是覆盖范围广。在传统产业，颠覆性创新的发起者大多来自行业内部，是行业的其他在位者对领导者的挑战。而就数字经济而言，颠覆性创新不仅由行业内部的在位企业发起，而且竞争的范围已经超越行业的边界，颠覆性创新经常来自产业之外，形成跨界竞争、降维打击的特点。例如，近年来中国移动的短信发送量严重萎缩不是来自其他运营商的竞争，而是由于微信成为更为便捷的日常沟通方式，取代了短信的功能；康师傅方便面销量的萎缩也不是因为其竞争对手占据了更多的市场，而是蓬勃发展的外卖能够方便快捷地满足人们用餐需求。即使一些看起来市场地位牢不可破的行业龙头也由于颠覆性创新的出现而受到较大挑战。例如，大多数人都曾认为，电商市场已经形成阿里巴巴与京东双头垄断的市场格局，但没有料到拼多多另辟蹊径迅速发展壮大；微信的市场地位也曾貌似牢不可破，是用户停留时间最长的 App，但字节跳动以今日头条和抖音两款产品抢走了微信的大量流量。

从总体来看，传统产业技术创新的突变较少，且技术仍然主要延续原有的路线，造成传统产业具有路径依赖的特征，在位者的领先地位一旦建立就很难撼动，无论是新企业进入，还是一个新地区要发展，都面临难以跨越的进入壁垒。比如钢铁行业，尽管我国钢铁总产量持续增长，但已经很难有新企业进入，增量市场份额也只是在位企业间的瓜分。相反，数字经济领域颠覆性创新不断涌现，且技术、商业模式的发展方向难以预测，提供相同或相似效用的在位企业在新技术领域并不具备明显优势，甚至由于战略刚性对新的技术变革反应迟钝，因此在数字经济领域无论对于国家、地区还是企业均存在大量"换道超车"的机遇，初创企业总会有机会在某些新产品或新模式创新中取得领先地位并进而发展成为大企业，而后发国家和地区也有机会在新技术、新产品、新模式、新业态所形成的新产业中占有一席之地，甚至取得世界领先地位。

二、平台经济与超速成长

在数字经济条件下，平台经济成为不同于传统产业的新型生产组织形态。平台是将不同用户聚集在一起的中介和作为用户活动发生的基础设施，是"一种基于外部供应商和顾客之间的价值创造互动的商业模式"，或者是"一种将两个或者更多个相互独立的团体以供应的方式联通起来的商业模式"。平台是一种典型的双边市场，一边连接用户，一边连接为用户提供商品或服务的供应商，并成为二者的信息撮合媒介和交易空间。典型的平台如网购领域的天猫、京东以及社交领域的微信。根据供应商的来源和性质不同，平台可以划分为不同的类型，其中共享经济是近年来发展尤为迅速的一种。共享经济是"利用新一代信息技术平台，将个人或企业等组织闲置或未加充分利用的商品、技能、时间、生产设施等资源，以较低的价格甚至免费的方式提供或转让给需要的个人或企业使用的一种新型的资源配置方式"。典型的共享经济模式如网约车领域的滴滴出行、优步，房屋出租领域的小猪短租，知识分享领域的知乎、技能分享领域的猪八戒，时间分享领域的亚马逊劳务外包平台等。生产力的发展特别是计算机、云计算的普及，使普通人得以拥有进行生产活动的工具，从而能够摆脱对企业组织及其生产工具的依赖。再加上生活水平提高后，人们希望追求工作时间上的自由，自我雇佣受到越来越多人的青睐，"一种持续时间不确定的工作"即"零工经济"开始兴起。零工经济的发展同样需要能够撮合劳动的供给方与工作或劳动成果需求方的工作平台。此外，越来越多产品或项目的开发、生产和维护不是企业化运营，而主要通过共同的兴趣爱好把众多分散的个人聚集到一个平台上，形成社会化的生产模式，如以维基百科为代表的众包模式，开源社区、慕课等。可以说，平台已经成为数字经济领域最常见的一种商业模式和生产组织形态。

在传统经济中，企业将具有所有权或使用权的商品或服务销售给其用户，而在平台经济下，平台可以充分调动平台之外的供应商（企业或个人）为平台另一侧的用户提供商品或服务，平台企业自身只需致力于平台这一基础设施的建设。平台企业通过高效运转的平台实现供需双方的对接，其本身并不拥有在平台上所交易的商品或服务。在传统产业中，企业成长主要依赖于自身的资源和能力。即使企业可以通过融资、兼并等活动加快扩张发展的速度，但仍然要受制于企业自身的资源和能力。但资源的积累和能力的形成、发展受到各种各样的限制，且往往需要经历一个较长的时期，造成企业的成长速度有限。但平台企业可以利用外部的个人或企业作为其产品或服务的供应商，而且互联网是没有边界的，只要一根网线相连，分布在世界各地的个人或企业都可以成为一个平台的供应商。因此，平台打破了企业自身资源、能力对成长的束缚，平台企业的成长速度要比传统企业快得多，从而数字经济的增长速度要比传统产业快得多。从 2007 年第四季度的世界 10 家市值最大的公司中，只有微软一家是平台企业，到 2017 年第四季度则有苹果、Alphabet（谷歌的母公司）、微软、亚马逊、腾讯、阿里巴巴 7 家公司是平台企业。独角兽企业是在某个专业领域处于领先地位且估值超过 10 亿美元的未上市公司，大多数独角兽属于初创企业。从独角兽企业的成长同样也可以看到平台企业的超速成长规律。在 2017 年公布的世界独角兽企业中，中国估值排名前十位的独角兽企业成立时间最早的大疆创新也不过 10 年时间，估值最高的滴滴出行只用了四五年的时间就达到 500 亿美元的估值。在传统经济时代，一家公司从成立到成为 10 亿美元以上估值或市值的公司需要长达几十年时间。而 BCG 等机构联合发布的一份报告显示，美国独角兽企业从创立到估值达到 10 亿美元平均需要 7 年，2 年以内成为独角兽的企业约占 9%；中国独角兽企业从创立到估值达到 10 亿美元平均只需 4 年，2 年以内成为独角兽的企业约占 46%。

三、网络效应与"赢家通吃"

"旧的工业经济是由规模经济驱动的，而新经济的驱动力量是网络经济。"网络效应是网络型产业特别是数字产业的典型特征，简单地说，就是大网络比小网络更具吸引力。网络效应或网络外部性有三种类型，分别是直接网络效应、间接网络效应和跨边或双边网络效应。直接网络效应是指一种产品或服务的用户数量越多，该产品或服务带给用户的价值越大。典型的如电话，当只有一个人拥有电话时，电话对用户的价值为零；随着拥有电话的人数越多，每一个电话订户能够联系到的人越多，电话对用户的价值越大。间接网络效应是指一种产品或服务的互补品的数量越多，它能够给用户带来的价值越大。典型的如计算机操作系统，操作系统本身具有的功能有限，计算机性能的发挥取决于运行于操作系统上的应用软件的多寡，软件越丰富，该操作系统带给用户的价值就越大。跨边网络效应是指平台能够带给一侧用户的价值取决于平台另一侧的用户数量，一侧的用户数量越多，带给另一侧用户的价值越大。典型的如网约车服务，使用网约车 App 的用户越多意味着更多的需求，更多的需求可以吸引更多的司机，更多的司机的加入使得网约车服务覆盖的地理范围更广，从而司机接单更快、用户打车更容易、价格更低，这又会进一步吸引更多的司机和用户使用。

网络效应的存在意味着当企业在具有网络效应的市场中竞争时，如果一家企业的产品或服务能够更快地获得足够数量的用户或供应商，那么正反馈机制就会发生作用：更多的用户或供应商使该平台的价值更大，从而进一步吸引更多的用户或供应商入驻该平台。反之，如果该企业不能够获得足够数量的用户或供应商，负反馈机制就会发生作用，从而在竞争中落败。传统产业进入成熟期后，虽然也会有一些企业市场份额处于领先地位，但整个产业通常会有多家规模相对较大的企业，形成多家企业共同瓜分市场的垄断竞争格局。就数字经济产业而言，由于网络效应的存在，往往是最早引发正反馈机制的平台成为最终胜利者，而且将会赢得大多数市场份额，即呈现所谓的"赢家通吃"特征。

从国家或地区产业发展的角度来看，人口数量大、购买力强意味着具有数量更多的潜在用户，这就为正反馈机制的启动和网络效应的发挥提供了条件。中国具有世界最大的人口规模，网民数增长很快，而且网民的年龄结构相对比较年轻；中国政府长期以来高度重视通信基础设施的建设，移动网络基本覆盖到村，而且连续多年的"提速降费"和智能终端价格下降大幅度提高了互联网的普及率；世界最大的制造业能力和物美价廉的制成品价格、相对较低的工资水平，为中国数字经济发展提供了丰富的产品和劳动力供给。人口规模优势在中国数字经济的发展中发挥了重要的作用。需要注意的是，"赢家通吃"并不意味着"赢家"的地位无法撼动，如果"赢家"创新乏力或缺少对用户的关注，也可能会导致产品吸引力的下降；竞争对手也可以在细分市场进行差异化竞争，或者开发出性能更加优异从而技术功效优势能够抵消因自身用户规模小而带来的"网络效应"弱势的产品。

四、"蒲公英效应"与生态竞争

仙童半导体公司无论是在硅谷历史上还是半导体产业发展史上都是一家举足轻重的公司。硅谷有92家公司可以直接追溯到1957年成立的仙童半导体公司，前仙童员工创立或由前仙童员工成立的公司参股、投资的仙童"校友"公司高达2000多家。同样在中国，也出现了数字经纪公司扎堆聚集的现象，这些公司许多都与早期的互联网公司或目前的互联网巨头有着千丝万缕的联系，正如蒲公英一样，把数字经济发展的种子撒播下去并萌发出一片绿色的田园。

一个国家或地区产业的竞争，不是单个企业之间的竞争，而是包括整个产业链上下游企业和配套企业、基础设施在内的整个产业生态的竞争。良好的基础设施、完善的上游配套、各种类型的生产性服务企业的聚集，有利于促进产业创新、降低生产成本。其中，大企业在一个地方的落户或形成对当地产业生态的完善具有至关重要的作用，在数字经济领域表现得尤为明显。第一，大企业会带动大量配套企业的聚集。在高度专业化的现代经济中，大企业一般专注于产业链的关键环节，其他投入要素通常从市场购买，因此随着企业由小到大的发展壮大，会在其周围聚集一批配套企业；大企业到某个地区进行投资，更会直接将自己的供应商带动过去。第二，大企业是中小企业生成的母体。大企业拥有众多的业务部门和业务环节，这些部门和环节的发展壮大有可能独立出去成为新的企业。近年来，越来越多的大企业开始鼓励内部创业、进行风险投资，从而带动与其在所有权上具有紧密联系的中小企业的发展。大企业在技术、管理、供应链、渠道等方面都具有优势，能够培养大量的科技和管理人才，其中一些高管成为投资人，一些人才离职创业，都会促进中小企业的大量形成。数字经济领域的颠覆性创新层出不穷，许多新领域的创业者来自大型互联网公司。第三，大型平台企业为中小企业搭建了成长生态。为了建立用户基础、实现"赢家通吃"，平台型企业本身需要吸引供应商为平台另一侧的用户提供服务，因此大型平台企业会支持互补品供应商发展，而平台作为一种基础设施也能够降低中小企业的进入门槛。第四，已有的数字经济企业会孕育新技术、新产业。数字经济领军企业为了更好地发展现有业务或更好地支撑生态企业的发展，具有采用新技术的内在动力，新技术与它们既有的优势相结合还可能产生化学反应，形成具有巨大成长潜力的新产业。云计算、大数据、人工智能、金融科技等数字经济前沿技术与新兴产业的领先公司以原有的互联网企业为主。

第二章 数字经济时代文化产业的高质量发展

第一节 数字文化产业与国家"软实力"

一、数字化技术：文化软实力提升的原动力

数字化技术已经在传统产业转型升级、社会生活或社会治理等生活生产各个方面广泛渗透，成为文化产业的新型推动力。虚拟影像、数字三维技术、全息投影技术不断提升传统演艺行业的观赏度，电影行业中 CG 技术、电脑特效技术的大范围运用已经成为主流。如何利用数字技术促进文化产业与科学技术紧密结合，从而推动文化创新，将是本节讨论的重点。

人们通常把数字技术描述成把信息、声音、文本、数据、图片、影像，编码成一系列通常被表现为 0 和 1 的断续的脉动。文化科技从"选择性介入"走向"整体融合"，为文化创新驱动力奠定了坚实基础。今天，文化发展的许多领域已经受到数字化技术浪潮的深刻影响。在家庭生活方面，家庭设备不再是简单的工具，而是可以在传感器收集使用者数据的基础上，统计计算机系统再对数千万字节进行分析，从而令设备更加智能化地服务于人；在游戏方面，增强现实技术（AR）和虚拟现实技术（VR）在不断进入游戏领域，游戏玩家通过沉浸式体验深入游戏环境中。通过依靠文化内容的"内容为王"模式与"技术为王"的数字化观念结合，打通传播渠道，三位一体方能有效推动产业融合发展。其中数字化技术作为产品创新、企业转型、行业升级的主要助推器，有着至关重要的意义。

（一）数字化技术推动文化产品更新

第一，数字化技术促使文化产品更新的周期缩短，提升产品生产效率。在技术更迭迅速的时代，数字化技术以高频率的速度促使传统产品转换成为深受消费者喜爱的新产品。当数字技术快速扩散后，产生了大量新兴业态，文化产品实现了由初级到高

级的转变。数字化技术改变了文化产品的生产、存储、传播、消费方式及基本形态，文化产品的数字化成为不可阻挡的发展潮流。电子图书已经悄然改变了图书产业的结构，从写作到出售再到阅读，全部可以通过数字化技术在互联网或移动终端上进行。数字图书的阅读方式与现代人快节奏、信息化、网络化的生活方式不谋而合，移动阅读端是数字阅读的重要通道，阅文集团旗下的 QQ 阅读通过 App 的限时免费阅读、与新浪微博合作推出"全民 365 共读接力"等，极大地促进了全民阅读。数字化推动中国进入全民阅读时代。自 1971 年迈克尔·S·哈特在网络上创立了一个包括一万多本图书的自由图书馆，到现在中国不断涌现各类数字图书馆，这类新型图书馆以其存储量大、跨时间、跨区域等特质，已经成为公共服务普及的一项重要方式。数字化技术的诞生，使电影艺术迈入了全新的数字影像时代，曾经占据主流位置的胶片电影已经被数字电影替代，从《泰坦尼克号》到《阿凡达》再到票房达 56 亿元的《战狼 2》，数字编辑的手段在不断完善中创造价值，数字技术不断推动文化产品的更新。

第二，文化科技融合带来的沉浸体验创造新的消费需求，拓展现有市场，打破原有壁垒，促使原有产品更新。数字化产品具有非毁坏性、传播速度快、复制性、可变性等诸多物理特性。电影、舞台剧通过数字化技术升级感官体验，促使消费者的需求不仅停留在浅层视听层面，更是要求更深入地沉浸体验与文化内涵。20 世纪 90 年代起数字化技术进入电影领域，今天数字化技术在影视、演艺领域已广泛渗透，对其制作、审美思维、传播方式有了巨大的影响，其中最重要的就是沉浸体验的出现。例如大型实景演出《又见平遥》中声光电手法运用带来的沉浸体验、华强方特将 VR 技术大范围应用到主题乐园和主题演艺等领域。

（二）数字化技术加快文化企业转型

企业数字化转型呈现出多维度、多阶段的趋势，数字技术与不断出现的新型终端设备未来将全面介入企业。在此背景下，企业需要变革生产形式、商业模式、管理方式等诸多方面。传统纸质媒体已经无法满足成长于互联网时代的数字化原生代的文化消费需求，传统的渠道商正面临互联网的持续性冲击，需要不断革新自身的经营策略。不仅如此，电商平台也频频涉足线下，"体验中心"逐渐代替实体店铺，实体店铺的价值由买卖逐渐转向体验，接踵而至的消费节日已造就数字时代的新型消费文化，企业的经营模式由单一走向多元。2016 年的东方财富 Choice 数据"中国上市公司市值500 强榜单"显示，腾讯控股已成为 2016 年市值最大的中国公司，市值高达 16 081 亿元，腾讯的业务范围早已从互联网通信发展到互联网增值服务。2015 年腾讯成立企鹅影业，主要业务为电影投资，借助其腾讯视频和腾讯娱乐的成熟平台进行运作。

几乎每一件设备的数字化都会带来整个数字产品占有率的上升——把越来越多的科技带到用户手中。数字化技术的发展，让传统文化企业受到强烈冲击，不少传统文化企业为了谋求自身发展，纷纷加入数字化的队列中。华侨城文化集团从最初单一的文化旅游模式到如今重点开发的"IP+VR"的战略布局，打造了"IP创意+科技媒介+产业资本"的原创IP产业化运作模式。雅昌集团从小型传统印刷公司，通过高端印刷、授权衍生、数字出版、艺术网站等数字化经营手段，建立起了完整的艺术产业生态链，发展成为享誉世界的文化与科技高度结合的创意企业。尤其是雅昌推出全球最大的中国艺术品图片资源数据库——"中国艺术品数据库"，打造了一个有关艺术家、艺术品的知识库以及服务平台，为中国以及世界艺术界提供专业综合服务，令其成为业界翘楚。

（三）数字化技术助力文化产业升级

数字技术消除了稀缺性，数字化的知识和信息产生了数字经济，带来了前所未有的全产业的蓬勃发展。首先，数字化技术推动新兴产业的兴起，网络视频、数字动漫、手机游戏、网络杂志、网络文学等不断涌现；不仅如此，数字化技术还优化升级传统产业服务，催生出新的文化业态，为文化产业的升级提供有力支撑。数字图书馆、数字博物馆、数字艺术馆的不断涌现改变了原有的只能"当时当地"的体验，甚至通过手机终端就可以接受文化信息。许多文化企业通过大数据、多媒体技术的挖掘和使用，大大提升了产品的生产能力和服务能级。例如，为缓解巨大参观人流而推出的敦煌莫高窟数字展示中心，通过播放电影《千年莫高》及《梦幻佛宫》，在创造新型体验、分流客流、减少对洞窟破坏的同时，形成了新的业态，吸引了大批游客驻足观赏。其次，数字化技术通过要素融合、技术融合等方式促进行业整体水平的提升，推动行业的生产效率加快、产业结构优化、产品内容丰富、产业链条延伸。在纸媒时代，漫画的投递、发行渠道仅限于漫画杂志页面，海量投稿中只有很少的作品能够被登载、发行。如今，随着腾讯动漫、快看等电子平台的兴起，只要内容质量高，容量限制、发行渠道、宣传渠道都已不再是问题，更新速度也大大加快。并且有数字技术支撑，动漫衍生品出现，使得动漫产业形成全产业链条，在IP的引领下，漫画多边开发已经成为主流。华强动漫出品动漫《熊出没》授权产物涵盖玩具、文具、生产用品、家居用品、日化用品、食物饮料多方面，上市产物种别达到2000多种，年发卖额约20亿元。数字化技术在演艺产业中也实现了融合创新，上海话剧中心2015年引入"英国国家剧院现场（NT LIVE）"，该项目通过数字放映的形式，在全球多个国家呈现当今世界舞台上的优质剧目，包括在百老汇和伦敦西区获得巨大成功的剧目，让观众享受舞台剧的顶级盛宴。

二、文化科技融合：数字创意产业发展的根本路径

当前数字技术进入了成熟运用期，数字创意产业不断爆发一个又一个新的经济增长点。如何打造数字创意产业核心竞争力，提高数字文化产品的供给水平是当前所面临的问题。目前许多文化产业的开发都离不开技术的支撑，比如动漫和网络游戏在开发过程中得到光学、信息学、数字技术等支撑。文化科技融合，已经成为当前数字创意产业发展的主要途径之一。2017 年 5 月 11 日发布的第九届"文化企业 30 强"名单上榜企业中，北京歌华有线电视网络股份有限公司、宋城演艺发展股份有限公司等多家企业均在生产、制作、发行、宣传等方面将文化内容与科学技术高度融合。湖南省在"文化湘军"的战略背景下将文化内容与科技手段高度结合，打造的广播影视、新闻出版、原创动漫、娱乐演艺均位于全国前列。中南传媒打造的线上教育产品覆盖全国多个省市区县，输出世界 9 个国家。芒果 TV 聚集了大量用户，在享有湖南广电独家资源的条件下，实现了"一云多屏""多屏合一"的战略部署，通过对优质 PGC 内容的高效智能化处理，为用户提供了更加优质和方便的视频观看条件。科技对文化内容创造、文化传播方式、文化利用价值产生直接影响，而文化对科技创新的推动、科技主体的培育、科技成果的应用，更是具有不可或缺的支撑作用。因此文化科技的高度融合在数字创意产业中尤为重要。

（一）文化科技融合应增强文化原创

现代文化艺术与科学技术的发展息息相关，电影、CG 动漫本就是科学与艺术结合的产物，关于文化与科技交叉融合的讨论也一直存在。阿道尔诺曾用"文化工业"的概念批评在工业社会视域下大众文化追逐利益的最大化以及文化产品的商业化和标准化。目前文化科技融合背景下的文化产品，仍然存在着缺失文化原创力和缺少文化内涵等特点。目前，在文化科技融合方面，诸多大中型科技企业拥有较高的文化自觉，华强、腾讯等科技企业快速向文化科技型企业发展，而大多文化企业却未能将科学技术与自身结合并合理化运用。因此在文化科技融合的过程中，除了要弥补"广度""高度""深度""跨度"的四度缺失，还要进一步加强文化原创解决制约新兴文化业态发展的瓶颈问题。以国内动漫产业为例，大部分动漫存在着题材单一、创新意识不足、模仿痕迹明显等缺点。虽然近几年动漫作品的产量、出口都有了较大的改观，但是中国的动画创作者仍需在继承传统文化的基础上，结合时代背景，以此来创造出优

秀的作品。例如，济南军区政治部电视艺术中心与深圳市环球数码影视文化有限公司、（北京）东方毅拓展文化协会联合制作的动漫电视剧《聪明的顺溜》以精良的画面和独特的军旅题材广受好评。一方面，文化原创是文化科技融合的核心动力所在，文化科技融合下的数字内容产业其核心就是以数字化技术为表现方式传播文化内容；另一方面，文化原创可以以原创内容带动文化产业价值链循环增值，推动科技产品更具有文化附加值。

（二）文化科技融合应树立文化自信

文化不仅仅是孤立的名词，更是深深印刻在每个人的生活中。在科技与文化融合的新兴产品层出不穷的时代，不同文化与思想激烈碰撞，文化自信显得尤为重要。不同文化之间本就存在差异与冲突，如何面对差异，并在数字技术时代将中国优秀传统文化、中国精神、中国文化内涵传播出去是关键所在。文化自信与文化科技融合的价值主要体现在当核心前沿技术，加强文化内容的建设和导向作用可以让文化产品打破不同文化间的藩篱，增加文化交流与沟通。电影是国家文化软实力的重要载体，不仅可以有效推动本国价值观和民族文化内涵，而且在本土文化的国际化表达方面也具有重要的推动作用。数字技术在电影领域的广泛应用已经使电影成为文化输出的重要载体。中国是文化资源大国，五千年的中华文化亟待以数字化技术手段进行开发。好莱坞将优秀的软件支持、3D技术与禅意文化、熊猫、功夫等中国文化符号结合拍摄而成的《功夫熊猫3》最终夺得10亿元票房。动漫电影《西游记之大圣归来》以高质量的动画、特效、物理仿真技术和蕴含的东方美学精神，获得了票房与口碑的双丰收。2015年12月，故宫博物院打造的"端门数字馆"项目正式开放，该项目包含数字文物互动与虚拟现实剧场等多项科技展示手段，将数字参观和互动打造作为参观故宫的重要组成部分，使参观故宫的游客对中国传统文化有着更加深刻的体验。通过以上案例不难发现，文化消费对于本民族的文化具有较高的文化契合感和高度的认同性。而文化自信的意义便是在文化科技融合中，科技手段不仅仅是将文化资源简单注入科技产品，更是让现代数字技术激活传统文化，深度发掘文化精髓与文化价值观，使之在获得市场经济效益的同时也带来精神文化的输出。

（三）文化科技融合助力文化走出去

中国文化"走出去"已成为一个国家战略，它恰逢一个科学技术高速发展，数字技术、数字网络传播盛行的时代，这使得跨文化传播和交流变得更为通畅、便捷。网络传播的存储量大、内容资源丰富、形式多样，利用这一特点可将中国传统文化与现代气息巧妙融合，提升中国文化的传播力。文化科技融合下的数字创意产业对文化"走出去"主要有两点推动作用：一是文化科技融合令文化资源得以充分开发、文化传播渠道更丰富，其中以数字文化服务最为突出。数字文化服务创新了文化的呈现方式，拓宽了文化传播的途径，增强了文化内容的可读性与可视性效果，助力文化走出去。二是基于网络传播实时互动的特点使得文化需求方的需求信息能够及时反馈，有利于文化生产者及时了解受众心理需求、市场动态，借以有针对性地调整文化产品和服务的内容与形式，以打破文化异质性、文化壁垒，减少文化折扣，推动中国文化有效"走出去"。中国文化"走出去"，需要紧紧把握这一时机，利用好网络这一平台，发展数字技术，开发数字传媒，创新数字业态，占领文化制高点。

在国家大力发展数字创意产业的背景下，中国文化"走出去"也将在数字技术的渗入下面临新的变革。与发达国家相比，当前文化"走出去"的过程中数字化技术仍没有充分发挥效用。根据国家统计局 2016 年文化出口数据整理显示，近几年文化出口在全球布局较为不均衡、文化出口数额很大，但真正具有民族文化内涵的文化原创产品占比较小。其中，文教、工美、体育和娱乐用品制造业规模以上工业企业出口交货值占比较大，达到 4447.92 亿元。游戏行业近年来略有提升，利用文化科技融合"走出去"的文化产品集中在游戏、动漫产业。据伽马数据编撰的《2016 年中国游戏产业报告》显示，2016 年中国自主研发的网络游戏达到 1182.5 亿元，全年海外市场销售达到 72.35 亿元。在手机端应用商店兴起的背景下，不少游戏供应商借助应用商店的全球性特点，使国内游戏制作商的产品一旦成功上传到应用商店就获取了广泛的海外收入。这种模式让许多国内资本不足、海外发行能力欠缺的中小游戏企业开拓了市场。通过全球化的应用商店，中小型游戏企业获得了海外发行的机会，丰富了游戏出口的内容，大大提升了国内游戏企业的开发热情。

但是，中国文化"走出去"的过程中，文化与科技深度融合的产品和企业仍然匮乏，各地也积极探索数字创意产业的新途径、新形态。上海"文化云"利用大数据与数字化技术整合零散孤立的文化资源，为市民提供一站式数字文化服务，跨时空进行传播与消费，成为文化"走出去"的一个全新的尝试。2015 年联合国教科文组织与腾讯互动娱乐的合作项目"开放的传统游戏数字图书馆"利用数字技术保护和传承全球范围内的传统游戏，建立了连接"过去"与"未来"的连接器，包含了图片观看、实时体验等环节，通过数字技术对传统游戏进行收集、整理、展示，使其通过互联网进入普罗大众眼中，实现现代性的转化，同时将中国传统文化传播全球，令传统游戏在数字时代焕发新的生机。文化科技融合的本质不仅仅限于提升产品的经济效益，更多的是发挥文化对人的精神感染力。

三、协同创新：数字创意产业的创新生态

当前数字创意产业发展正处于重要战略机遇期与跃升期，应当努力创造、引领消费新热点，开辟文化生产力、文化产品供给力的新空间。数字创意产业创新生态的实质，在于构建一个完整的、多主体共同参与的、多维度的创新环境。因此，数字创意产业构建创新生态需要进一步推动协同创新。这里的"协同创新"，是指在政府、企业、高校、科研机构等多主体的协同下，文化资源与科技资源有效汇聚和互动，通过突破创新主体间的壁垒，充分释放创意、技术等创新要素而实现深度合作的一种模式。

（一）协同创新需要政产学研各界进一步树立全局观念，突出顶层设计

政府应不断提升前瞻性战略研判能力，在数字文化业态的整体生态系统中起到基础支撑作用。我们不断加强文化体制改革的顶层设计，以出版业为例，为促进传统出版业向数字出版业的转型升级，截至 2015 年，先后成立了 14 个国家级数字出版基地，通过政府的优惠政策吸引大批优秀企业进驻基地园区，促进了数字出版产业发展。在推动文化科技融合的过程中，国家应抢占全球新一轮数字化技术的制高点，大力推进实施国家数字化文化工程、全国文化信息资源共享工程等，优化数字化技术发展布局。目前我们依旧存在着数字创意产业领域的政策法规与业态发展不匹配等缺陷，国家应建立健全相关政策体系，在加强政府引导的同时做到政策扶持、资金支持，推动数字创意产业健康发展。这方面，既要尊重市场规律，同时也要发挥好政府在文化发展中的作用，协调好政府、社会、市场等多方面的关系。

（二）注重企业在整体创新生态环境中的作用

企业是技术创新的主体，要进一步强化数字化技术创新的引擎作用，促进数字化技术与文化产业深度融合。技术革新，也就是关键性的技术需要有突破。华为在技术研发上的高投入，令其有了分布式基站和行业内部的顶级技术，尤其是华为在业界率先提出的新理念成为未来整个移动通信领域发展的一个方向，为众多厂商所遵循。同时实现技术的市场化应用才是最终实现技术创新的价值所在。企业在创新生态系统中不仅是创新的组织生产者，也是市场信息的收集者。企业一方面要将创新技术（数字技术、3D 技术、信息技术等）广泛应用于文化产业领域，通过文化产品实现技术创新的价值；另一方面，也利用数字技术与信息技术洞察消费者的消费需求、心理、模式，进行整合分析。

（三）在"协同创新"模式中，用户也就是消费市场必须受到重视

企业可以通过已知目标用户获得创新性产品的思路与未来技术走向，尤其是数字化产品，其用户需求变化快、要求高。所以，数字创意产业的发展，必须坚持以市场为导向，充分了解市场需求的变化，进一步培育文化消费市场，以数字文化消费牵引数字技术提升，从用户层面促使企业、大学、科研机构等创新主体共同实现转变。在充分了解数字消费市场的基础上，需要加强数字产品中文化内容，引发更深层次的文化认同感，满足甚至引导新生代青年消费群体的文化需求，而不是仅用表面化、浅层次的方式吸引年轻受众。数字化时代，用户体验和客户需求成为产品更新的参照物，例如数字出版行业，个体用户的需求对技术提出相应要求，企业加大对技术的研发与推广，行业形成技术发展的强大动力并与社会需求对接，从而构成技术发展动力的理想状态，进而整个行业得到提升。

（四）高校在协同创新中发挥着重要作用，数字化人才的培养为文化科技融合提供人才支持

数字创意产业的创新发展和数字文化业态的升级，需要技术与文化内涵兼备的复合型人才。复合型人才的缺乏已经成为中国文化产业发展的瓶颈，目前高校教育侧重于理论教育而缺乏对学生实践能力、创新能力的培养，导致学生缺乏实操能力和创意创作能力。高校应调整人才培养目标，创新培养模式，强化学生实践能力，通过跨学科、跨行业、跨校园、跨国境的协同合作，培育创新型数字化人才。在这方面，高校一要打破传统学科的藩篱，创新学科体系，用丰富的文化、技术、人文营养丰富人才培养元素，培养兼具艺术文化水平与技术的复合型的面向未来的创意人才。二要推进高校协同创新，形成多主体、多元素、多内容的相互合作与补充的体系：一方面，在高校内部形成协同创新分享模式，增强内部交流与合作，学科互补与沟通；另一方面，推动政产学研用模式，高校增强与企业和地方政府的合作，构建全新的培养平台。

第二节　数字文化产业内涵、要素和形态

随着新基建的提速建设和"数字中国"战略的全面推进，加之新冠疫情刺激，数字文化创意产业成为建设社会主义文化强国、推动中国文化"走出去"的重要抓手。学界也围绕数字文化创意产业发展的一系列理论问题，展开了深入讨论。有学者从市

场主体角度研究了产业发展的路径，如一些学者提出了培育新链、企业协同、空间布局优化、要素支撑强化和完善政策保障等策略，以促进数字文化产业链现代化。包国强等认为，数字文化产业高质量发展的关键因素在于技术、责任和信用。范周建议从原创内容供给、版权监管和技术接入等方面实现数字文化产业的转型升级。从政府角度，如许立勇等提出互联网文化内容的治理须明确政府管理的边界，运用新技术手段构建多元共治的模式。曾维新发现政府对网络文化产业实施"普惠性"补助，以补助技术创新为主，对网络文化企业的市场价值、创新和就业均有正向促进作用。但是，学界对数字文化创意产业的概念内涵、结构要素和细分框架等问题还缺乏充分讨论，在使用上也存在着不统一，甚至相互矛盾之处，这种不充分和统一使学界很难在既往研究基础上做出更深入的理论贡献，也难以服务于国内数字文化创意产业发展和政府决策。有鉴于此，本节从数字文化创意产业的结构要素、内涵辨析和细分框架三个维度出发，对产业发展进行多维度的本体论解读。

一、数字文化产业的内涵

对于新概念的理解，除了通过提取经验材料中的共性特征外，也应结合其产生的语义环境和原有概念内涵进行辨析。在概念具体运用中，数字文化创意产业常与数字内容产业、数字创意产业和数字文化产业简单等同。因此，本节将对这些交叉概念进行辨析，以理解新概念的独特价值和特殊性质。

（一）数字内容产业

国内政策文本中首先使用的是"数字内容产业"一词。2003 年将数字内容产业定义为依托先进的信息基础设施与各种信息产品行销渠道，向用户提供数字化的图像、影像、语音等信息产品与服务的新兴产业类型。2006 年认为数字内容产业的主要特征是数字化生产和网络化传播。2011 年将数字内容产业定义为包括数字动漫、电子游戏、电子游艺、移动内容、数字影音、数字出版、电子学习等领域的内容及其相关软件和衍生产品的创作、制作、交易、运营、服务所构成的新兴产业。在学界，窦凯认为数字内容产业是信息技术与文化创意产业融合而成的产业集群，包括数字影视、数字动漫、数字游戏、数字出版、移动应用、网络服务、数字音乐和内容软件等八大子类。张立等认为，数字内容产业是由文化创意结合信息技术形成的产业形态，以数字内容为核心、以互联网和移动互联网为传播渠道、以平台为模式，包含网络游戏、动漫、网络视频、短视频、直播、在线音乐、数字阅读、新闻咨询 APP、在线教育和知识付费等 10 个细分框架。赖茂生认为，数字内容产业是现代意义上的信息内容产业，是一种基于数字化、多媒体和网络技术，利用信息资源和其他相关资源，创（制）作、开发、分发、销售信息产品与服务的产业。

（二）数字创意产业

2008 年提到"积极扶持电子书刊、网络出版、数字图书馆、网络游戏、电影特技制作、数字艺术设计、数字媒体、虚拟展示等新兴数字创意产业发展"，并将其列为国家战略新兴产业之一。数字创意产业被分为四个子类，分别是数字创意技术设备制造、数字文化创意活动、设计服务和数字创意与融合服务。其中，数字文化创意活动又分为数字文化创意软件开发、数字文化创意内容制作服务、新型媒体服务、数字文化创意广播电视服务和其他数字文化创意活动等五个小类。

有学者认为，数字创意产业以创意内容为核心，依托数字技术进行创作、生产、传播和服务，引领新供给、新消费，高速成长的新业态。提出"数字化生存"的著名学者尼葛洛庞帝认为，计算机业、出版印刷业和广播电影业的重叠交集就是数字创意产业领域。何正华等认为，数字创意产业是借助先进技术、创意和文化等要素进行数字内容开发等创意活动或服务。数字创意产业是现代信息技术和文化创意产业逐渐融合而衍生出的一种产业形态，其基础是创意和内容，借助技术的力量进行生产、传播与消费。

数字创意产业是创意产业的下位概念，即"那些发源于个人创造力、技能和天分，能够通过应用知识产权创造财富和就业机会的产业"。欧美政府通常将数字经济与创意产业纳入同一部门管理，英国将数字创意产业称为"Crea Tech"，它所涵盖的范围比国内数字文化创意产业范围更大，除了文化创意外，科技创意也纳入其中，更强调对个体创意的挖掘。

（三）数字文化产业

2017 年将数字文化产业定义为以文化创意内容为核心，依托数字技术进行创作、生产、传播和服务，呈现技术更迭快、生产数字化、传播网络化、消费个性化等特点。2020 年文化和旅游部又进一步明确了数字文化产业的门类，分别是动漫游戏、网络文学、网络音乐、网络表演、网络视频、数字艺术、创意设计等。把动漫业、创意设计业单列，将网络动漫、网络音乐、网络表演、网络视听等视为数字文化产业的子类，并增加了知识付费、社交电商、分享经济等新模式。

原文化部文化产业司司长王永章曾表示，我国所提的文化产业和国外创意产业基本范围一致，但创意产业强调的是依靠个人的知识产权创富创新，文化产业则凸显了意识形态属性。在国家政策层面，使用"数字文化产业"而非"数字创意产业"，体现了繁荣社会主义文化和培育新经济引擎的双重意义，数字文化产业基本可以视为数字创意产业的替换新名词。

通过比较不难发现，在政策文本层面，国内对数字文化创意产业的符号使用大体经历了数字内容产业—数字创意产业—数字文化产业三个阶段。截至 2021 年 7 月 1 日，国家层面的政策文本使用"数字内容产业"18 次，"数字文化产业"15 次，"数字创意产业"10 次。"十一五"期间政策主要使用"数字内容产业"，"十二五"期间逐渐引入"数字文化产业"，"十三五"期间政府更多使用"数字文化产业"和"数字创意产业"，且"数字文化产业"的使用频率逐渐上升，同时国家也默许了各级地方政府在政策文件中使用"数字创意产业""数字文化创意产业"等表述，直到 2021 年初开始使用"数字文化创意产业"一词。

总体来看，政策文本和学界对数字内容产业、数字创意产业和数字文化产业的理解有三点是一致的。第一，均强调了产业的技术特征，指明了数字技术对全产业链的改造和升级；第二，均认为具有显著的产业融合特征；第三，从使用的语境来看，数字内容产业、数字创意产业与数字文化产业并没有显著的差别，它们经常被视为同义词替换使用。但实际上，作为一组偏正结构的概念，它们的中心语指向了不同的核心元素，也就意味着其内涵是不尽相同的。数字内容产业强调数字技术对内容资源的改造升级，而内容通常指文学、影视剧作、动漫等文本。随着以平台、场景或服务为核心的数字文创产品的增多，仅以"内容"来强调产业的核心要素并不能完全契合产业未来发展趋势。数字创意产业则强调数字技术对创意的开发和转换，是一种以创意为要素驱动的经济形态，并不一定要有明显的文化属性或意识形态属性，科技创意也属于其中。数字文化产业虽然强调了数字技术在文化资源开发保护中的应用，但忽视了对创意的表现形式——知识产权的观照。

二、数字文化产业的结构要素

人们往往按照线性的、延续的和总体性的历史观念将数字文化创意产业视为传统文化产业的"转型"。知识生产天然地把数字技术简化为叠加到文化产业的生产要素，认为文创企业的数字化转型是应有之义，但实践经验已表明数字文化创意产业所遵循的是一种全新的发展逻辑。我们需要破除传统和数字的连带关系，提炼产业发展中体现出的共同的、稳定的、反复出现且具有相当辨识度的属性——创意、技术和文化资源，依此理解数字文化创意产业的内涵。

(一) 创意属性

创意是数字文化创意产业这一偏正结构词组的中心词。《广雅》曾言："创，始业。"《说文解字》解为"志也，从心察言而知意也"。由此可见，创意有破旧立新之意，且主要指意义层面上的新。换言之，创意指有创造性的概念设计、理念描述和意义发生，它能够给人们一种美好的享受和向往，从而启迪或者激发人们为实现美好幸福生活而奋斗，给社会进步发展赋能。它是列举属性、变更属性、校核信息的过程，从而以突破常规的方式得到新概念、新手法和新形态等。当下，"创意"是一个随处常用的词汇，这多少表明了当代社会内在的符号消费和意义消费的特征。但创意并不意味着一个好的结果或好的事物的诞生，从经济学角度看，创意仅是意义或想法的生成，并不能确保相应的经济价值，甚至有些创意会因为过于有创造性或艺术性，反而损害了当下或短期的经济价值，正如一些耗费相当人力物力而进行的数字艺术策展从短期来看盈利并不显著。

在文化产业研究中，创意一直被视为产业发展的内生要素。戴维·思罗斯比表明，创意的生产是一个决策过程（尽管这其中兼具理性和非理性的因素），它和文化一样具有知识产权的价值。因此，理解数字文化创意产业中创意的第一个要义在于，创意不是其他行业中所言的技术创新或商业模式创新（当然这是创意的一部分），更指涉符号和意义层面的新，力求实现公共性、商业性与艺术性的微妙平衡，即在获取利润的基础上实现产业的高质量发展和文化的传承保护。熊彼特曾指出，创新是对生产领域原有均衡状态的创造性干扰或破坏，实现了新的组合。与熊彼特相同，罗杰斯也认为创新是理解社会变迁的一条重要路径。经济学和社会学领域的创新理论对我们理解创意的第二个要义在于，不应陷于描述各种文化创意的形式，毕竟数字文化产业发展中的新技术、新内容和新场景等层出不穷，而应重点关注文化创意在数字社会中何以可能的问题，重视创意的行动而非所表现的现象。同时，熊彼特的创新理论还特别强调了创新中的"行动者"。虽然他所言的行动者主要指的是具有创新精神的企业家或创业者，但在数字社会中消费者同样是数字文化创意产业中的重要环节。因此，理解创意的第三个要义在于，创意是行动者主动创造、选择和采纳的想法、意义或符号文本。正如罗杰斯认为的那样，认为创新是被个体或团体采纳的一种新方法、新实践或新物体。创意并不一定要生成新的意义或符号，而是让行动者感知到新。

在文化经济中，对消费者而言创意消费是一种身份认同和身份建构的方式。《哈利·波特》的粉丝不仅会消费小说和电影等文本，还会通过周边产品的消费来标出自己"铁粉"的身份。同时，这种消费也会反过来塑造数字文创产品的社会意义和符号文本制作者的生产模式。对符号文本制作者而言，创意是一种抽象化的劳动形式。注意力经济意味着劳资关系的抽象化，"观看""刷屏"等消费行为转为一种为攫取价值而对主体进行技术定位的新制度。换言之，符号文本制作者可以从消费者的观察中获利。创意使"观看""刷屏"等抽象的消费形式尽可能长时间地、多人次地停留在某一个信息界面上，它不仅通过挪用信息实现资本增值，即捕获用户的信息和行为习惯，再运用算法推送相应的信息和产品，还直接占据用户消费的时间。在数字社会中，"观看"是人们日常生活的常态，创意通过占据"观看"的时间，实现了经济价值。

（二）技术属性

数字技术在迭代中不断嵌入社会各个层面，并结构化改变了文化产业的实践。首先，技术作为产业的生产要素，在文化资源的创意开发与社会间建立了全新的连接方式。数字技术赋予创意弥散到文化资源上的新可能，使文化创意产业的生产去媒介化、去实体化。人们对文化资源的使用与消费也从双眼观看和具身体验转变为透过各类屏幕和各类可穿戴设备去进行不"在场"的感知，数字技术改变了文化创意产业的生产—消费模式。其次，在社会意义层面，数字技术为文化资源和创意搭建了新的流动、交换和存储的通道，使技术和艺术、感性和理性形成了新的对话方式，创造了新的审美感知。数字技术的"可编程性"改变了文化资源和创意对接的方式，即它以框架的形式去影响文本产生的意义。数字文化创意产业中的许多新现象是由技术驱动的，它并不一定非要依赖于传统意义上的文化资源。譬如"土味"短视频的流行，它并不符合大众心中对短视频通常的审美期待，但由于一次又一次的"刷屏"传播，使得"土味"在成为一种文化的同时，也成为营销"带货"的象征资本。

回归到国情来看，中国互联网发展史是典型的"技术+资本"模式，数字技术不仅催生了社会发展的新形态，更使得"平台"成为了社会发展的基础设施。数字文化创意产业的劳资关系也就由平台、符号文本制作者和用户三方共同建构，而符号文本制作者和用户又呈现出一体化、泛在化的特质。由于数字文化创意产业所赖以生存的技术首先是以一种"创新"的面目出现的，因此在初期它呈现出一种自发生长甚至"野蛮无序"的状态。早期的网络文学有一大批写手是出于自身对写作的热爱，利用BBS论坛和网络文学网站等平台，依靠读者"打赏"或实体出版而生存的，诸如当年明月等知名写手大多都有自己的本职工作，从事网络文学仅是一种"玩票"。那时网络文学作为一种"文学+网络"的新业态自发生长，不仅盗版、侵权和抄袭等乱象丛生，平台型媒体也成为了行业的主导者和垄断者。随着数字文化创意产业的消费群体不断扩大，"写手"成为"零工经济"中的典型工作形式，政府也逐渐将其纳入治理体系中，在2014、2016、2017、2020年都分别出台了针对网络文学的专项政策，且主要采用了规制的政策工具。

数字文化创意产业的技术维度不仅指数字技术对经营管理模式、产业组织结构和业态等的具体影响，也体现在技术的时空偏倚和文化偏向对理念与实践双重层面的包括生产—流通—消费过程的重塑。数字技术使得文化生产的权力中枢偏移，形成了数字娱乐业中的"养成系偶像""流量明星"等业态。明星不再以演艺技能和作品等为核心竞争力，而是通过微博等社交媒体与粉丝的时间、情感和话题等勾连成为"顶流"。一言以蔽之，数字技术不是工具性地给文化创意产业带来新的现象和变化，而是生态性地渐进改造了数字文化创意产业的认知、劳动关系及其与社会互动的方式，形成了新的行动者网络。

（三）文化资源属性

数字文化创意产业最终的目的还是实现对文化资源的高质量开发与传承。虽然现代经济学已经承认，文化会通过制度、组织结构和劳动资本等形式间接影响经济发展，但文化资源是否是直接的生产要素却有不同理解。这种争议首先是因为对文化的理解不同而言的。雷蒙·威廉斯表明，对文化的理解可被归为三个方面：一是人类社会中智力、精神与美学发展的过程；二是某个群体或时期的某种特定生活方式；三是智力、精神与美学所创造的作品和实践。前两个层面的指涉都过于宽泛，人类的衣食住行、工业产品的生产制造均可囊括其中，但第三个层面则指出了数字文化创意产业发展的要旨——意义的生产，也证实了文化资源是可以作为经济发展的直接生产要素。数字文化创意产业所言的对文化资源的创意开发不仅指传统意义上利用数字技术实现文学、艺术和音乐等"文本"创作，还包括构建庆典、亚文化等意义的群体活动的线上孪生空间，即生成有意义的网络场景。从这个层面来看，诸如"粉丝"经济和"网红"经济这类群体性意义生产活动以及"数字公园""数字博物馆"这些具备意义的特定场景都属于数字文化创意产业的一部分。

如果说对文化资源是什么尚存争议，那从文化资源与社会关系的角度更易理解其为产业的结构要素。中国从古至今就有以文化人、以文润城、以文兴教的传统，这类提法也频频见诸指导、服务产业发展的各类政策文本中。孔子在《论语》曾言，"不学诗，无以言""小子何莫学夫诗？诗，可以兴，可以观，可以群，可以怨；迩之事父，远之事君；多识于鸟兽草木之名"。在数字文化创意产业的发展语境下，"国潮"以中国传统文化为底蕴，以本土品牌为构建主体，以各类垂直领域的意见领袖为中介环节，通过传统文化资源在影视娱乐、游戏电竞、文博文创和时尚美妆等多领域的创意联动，不仅有利于民族文化的推广与传播，增强了普罗大众，尤其是青年人、Z世代对国家和民族的认同感，而且通过传统文化资源的再生产获得了可观的社会效益和经济效益。在微观上，传统的知识生产常常认为对文化资源的消费是一种文化资本的体现，来自经济社会地位较高的群体往往更重视对文化资源的消费与使用，反之，经济社会地位较低的群体则处于文化资源消费的弱势。但是，在数字文化创意产业的发展中，来自乡土的文化资源却迸发出新的活力，来自乡村、小镇和少数民族地区等相对不那么"现代化"地域的人也得以实现物质需求和精神需求的双重平衡，打破了文化再生产与物质财富再生产间的正向联系，逐步实现了人的物质需求和精神需求的双重平衡。

文化资源作为数字文化创意产业发展的逻辑起点，选择挖掘哪些资源，不同消费者对文化资源的消费偏好为何，不同运营模式会产生哪些效果？此类问题是文化创意产业运作的核心逻辑，即追求经济效益和社会责任的最大化，通过对文化资源的创意挖掘与开发，满足人类社会对真善美的追求。在对文化资源的叙述上，数字文化创意产业较之以往将关注更多元、更个性化、更"小而美"的叙述主体；在文化资源的流通上，将充分利用各种平台型媒体，贴近消费者的日常生活进行传播；在消费层面，数字文化创新产业中的文化资源将以互动方式与消费者对话，消费者将直接介入文化资源的意义生产与传播，而这种介入反过来又促进数字文化创意产业的生产变革。

三、数字文化产业形态

（一）数字文化产业人才培养全面化

数字文化产业人才的来源主要有高校培养、企业内部培养、国外人才引进等途径，但与此同时优秀创意人才外流也是造成数字文化产业人才不足的重要原因。因此，在数字文化产业人才培养方面应坚持多点开花、全面培养的原则。在高校人才培养中，结合实际人才需求，分层次制订差异化的人才培养方案，培养综合性与专业性相结合的创意人才。数字文化企业内部培养困难相对较多，主要是人才培养成本较高，因此只有实力雄厚的大企业才有能力支持人才培养，小企业将无法支付人才培养的成本。守住培养出来的优秀数字文化创意人才是人才培养体系中的重要部分，在此基础上，创造优越的工作环境及人才发展平台，引进国外优秀的数字文化产业创意人才，通过多种渠道积累打造我国的数字文化产业创意人才池。

（二）数字文化产业市场治理高效化

科学合理高效的数字文化产业市场治理是确保我国数字文化产业持续健康稳定繁荣发展的前提。数字文化产业发展有其自身规律，政府、企业、消费者多方应不断加强沟通交流，这其中政府扮演了重要的角色，要承担法律法规的制定、政策规划的引领、财税扶持、市场秩序维护等多项任务。因此，政府须全面充分掌握行业发展信息，既不让行业发展损害国家意识形态建设，又能充分调动数字文化产业发展活力，助力数字经济高质量发展。一是须根据数字文化产业发展实际适时制定针对不同的行业门类的专门法律法规，以法律法规的形式严格规定各类行为，使创业者有法可依，消费者有法可循，向全社会提供一套信用体系；二是在共性技术和基础设施配套上，政府应发挥主观能动性，解决企业额外成本，在整体规划上以宏观指导为主，避免过多过细。三是在财税扶持政策上积极实施创新帮扶模式，尽量细化建立数字文化企业档案库规则，扶持真正需要帮扶的数字文化企业，发挥财税扶持效果。

（三）数字文化产品出海多点化

数字文化产品和数字文化服务出海是传播中华优秀传统文化、提升中国数字文化产业国际竞争力以及增强文化软实力的必然途径。应在原有基础上继续探索增加数字文化出海产品（服务）的类型，形成种类上的多点化，充分发挥互联网等信息搜寻工具的作用，并与目的地实地调研相结合了解目的国情况，针对性打造数字文化产品，在出海布局上优先选择与我国地理邻近、文化距离相对较小的国家，以及"一带一路"沿线国家，在此基础上逐步拓展海外市场。当前出海数字文化产品较为成功的有网络文学，网络游戏，网络影视频、短视频等，应在巩固当前出口数字文化产品强势地位的基础上，结合区块链等技术探索数字文化产业国际版权运行机制，为数字文化产业全球化发展贡献中国规则，同时应提高中国数字文化产业在国际化过程中的版权保护能力。

综上所述，数字文化创意产业是一个伞式概念，本节或者任何研究都不可能给出一个固化的描述，只能以一种最低标准的"渐入式"知识生产来形成立足于其自身特质的内涵分析。其中，文化资源强调产业发展的社会效益，创意强调对知识产权的保护与开发，技术则是驱动强调产业发展的底层逻辑。技术和数据驱动了文化资源的创意开发，这种开发又反向促动数字产业化，使产业具有内生性增长作用。由此，数字文化创意产业具有跨界融合开放的特征，与医疗康养、电子商务和体育会展等其他产业融合后形成了一系列新的业态，跨越了不同产业的结构壁垒，向社会各个领域全方位渗透，即"文化的经济化和产业的文化化"。

总体而言，政府、学界和业界对数字文化创意产业概念的认识逐渐丰富，基于不同维度描摹了概念的多重面貌，并对产业的核心要素和技术基础等进行了讨论，这也反映了数字文化创意产业更新速度快、主体多元化的特点。然而，数字文化创意产业这一概念是一个不断游移的伞式概念。随着技术的演进和行动者们的不断"转译"，其内涵外延也随之演化，产业边界也处于变动之中。因此，本节认为以技术、创意性和文化性三个维度进行衡量，能够使数字文化创意产业的概念具有历久性的价值，在一定周期内能包容产业的演进和各类新业态的出现。考虑到文化资源二重性的特点，数字文化创意产业中很难区分纯经济的产业部分和公共文化部分，这无论是在理论上还是在实践上都是不可行的，故可按照文化资源在技术作用下的创意扩散逻辑来确立产业的细分框架，随着人工智能、NFT 等前沿技术的进一步发展和在产业中的不断应用，数字文化创意产业的细分框架很可能面临新的分类重组，应当从动态更迭的视角来理解产业边界。

在讨论了数字文化创意产业的结构要素和细分框架，并对其进行概念辨析后，本节试图将"数字文化创意产业"从"文创成功学"中拔出来，统合起对产业发展的零散观察，并开放性接纳文化社会学、文化经济学和 STS（科学、技术与社会）等路径的理论资源。从这个层面来看，本节对数字文化创意产业的内涵理解既关注数字技术影响下文化资源创意开发的实践，也强调对经验材料的理论理解。对数字文化创意产业的内涵思考不能仅窄化为一种产业发展的样态，其本质还是对人类文明传承发展的一种"终极关怀"。因此，理解数字文化创意产业的本体论不是只描述文化产业的现状与未来，更应当积极地参与到未来文明的塑造探索中。

第三节　数字文化产业高质量发展影响因素

一、生产要素

波特"钻石模型"认为生产要素涵盖多个变量，结合数字文化产业发展特征，本节主要分析文化、资本、技术以及人才等四大生产要素资源对数字文化产业竞争力的影响。文化资源是决定中国数字文化产业国际竞争力的基础，中国拥有丰富的文化资源以及世界文化遗产，为数字文化产业的发展提供了深厚的潜在优势以及不竭的发展源泉。资本资源是提升中国数字文化产业国际竞争力的重要保障，国家积极落实相关财税金融政策，通过发挥财政资金的杠杆作用、支持数字文化企业申报高新技术企业认证、加大直接融资力度、建立投融资风险补偿和分担机制，以及鼓励金融机构支持数字文化产业发展等措施，为中国数字文化产业发展提供了雄厚的资本资源，成为提升中国数字文化产业国际竞争力的重要优势。技术资源是提升中国数字文化产业国际竞争力的核心支撑，国家积极鼓励数字文化企业建设创新中心，引导数字文化企业提高核心创新能力，并推动产学研一体化发展，目前中国已经成为全球数字技术领域的领头羊，但是关键核心技术缺乏自主创新也在一定程度上制约了竞争力的提升。人才资源是提升中国数字文化产业国际竞争力的根本，当前中国在游戏、动漫等关键数字文化产业领域缺乏专业人才，研发及运营团队与受众用户之间发展不均衡，并且缺乏市场化的人才培养方式以及评价机制，这是造成中国数字文化产业竞争力不足的一个重要因素。

二、需求条件

波特在"钻石模型"中认为国内市场的需求是建立产业竞争优势的重要因素，是推动产业发展的内在动力。根据马斯洛需求层次理论的内涵，当一国居民物质生活水平达到富裕程度之后，对中高端精神生活的追求将会大幅度提升，这将会推动数字文化产业的快速发展。

三、相关与支持性产业

波特认为一国是否具备一项产业的相关与支持产业，以及这些产业是否具备国际竞争力，是决定产业国际竞争力的关键因素。中国积极发展与数字文化产业密切相关的信息技术产业、新媒体产业、教育业、旅游产业等，形成了协同发展的庞大产业集群。新媒体产业方面，得益于国家积极推动网络和信息化产业发展，新技术、新形态、新理念、新模式层出不穷，已经成为推动国家经济转型的关键因素，进而推动了数字影音、网络游戏等数字文化形态的发展。教育业方面，大力支持发展移动互联网、云计算、大数据等新兴学科专业，为数字文化产业的发展提供了强有力的人才支撑。旅游业方面，"互联网+旅游"的创新结合，使得旅游资源数字化的趋势越发明显，提升了传统旅游资源的消费空间，进而推动了"智慧旅游"这一数字文化形态的蓬勃发展。

四、企业组织、战略与竞争

企业是产业发展的基石，提高产业竞争力的关键是提升企业的竞争力，数字文化产业也不例外。提高中国数字文化产业国际竞争力，需要数字文化企业构建科学的组织结构，制订全面科学的战略规划，使其在国内及国际市场上同时保持较强的竞争力。然而，中国的数字文化企业制度与欧美等发达国家相比仍然存在一定差距，同时波特指出国内市场拥有强有力的竞争对手是保持产业拥有持续竞争优势的关键，而中国数字文化产业相关业务呈现产业集中度高的现状，具备很强的寡头垄断色彩，在一定程度上制约了数字文化产业竞争力的提高。

第四节　数字文化产业高质量发展对策

促进数字文化产业高质量发展，需要对我国的数字文化产业有一个基本的认知。首先，我们可以推动核心技术创新性发展，进而增强我国数字文化产业在国际上的竞争力；其次，推动形成包容性更强、融合性更广的产业集群，使得我国数字文化产业在具备影响力的同时也具备中国特色；再次，保持数字文化产业在科技和文化方面适度的张力。

一、深化文化产业供给侧结构性改革

文化企业要生产高质量的内容，可以通过不断优化数字化的方式来提高其企业的生产能力。首先，文化企业可以通过应用大数据、VR/AR、云计算等数字化技术来开发适合各种不同智能终端的产品类型；其次，文化企业应充分利用互联网等科技创新技术，掌握产业链的信息入口、大数据等通信技术，大限度地降低成本，提高商业模式；再次，利用区块链技术改变单向弱反馈的文化产品供给模式，实现多方位互动的供给方式，有效地保障文化产品权益；最后，要营造传统产业与新兴产业并存的局面，实现传统纸质媒体、新媒体和高科技媒体的深度融合，加快文化产业内部结构调整，实现产品质量跨越。

二、促进核心技术创新性发展

创新是发展的根本动力。随着时代的进步，像5G、人工智能、物联网、云计算等新一代信息技术的出现，为各个领域都带来了根本性的影响，同时伴随着产生很多系统性的、颠覆性的创新。于是，我们可以将它们与文化创意产业相融合形成数字创意产业的基础架构，进而促进数字文化产业创新性发展。另外，可以激励数字文化企业进行研发，鼓励企业加强与相关高校的交流与合作；出台对数字文化产业人才的吸引政策，加强人才培养，不断壮大数字文化产业及相关领域的人才队伍；完善重点领域和关键环节的知识产权保护机制。

三、推动数字文化产业包容性、融合性发展

目前，我国数字文化产业正处于一个良好的发展态势，整体以文化为核心进行创作、生产、展示和传播，相关产业园和文化基地也基本实现了规模化和专业化。推动

数字文化产业向包容性更强、融合性更广的方向发展，是数字文化产业创新性发展的新路径。现今的数字文化产业主要集中在消费互联的商业模式上，如果可以拓展到产业互联上，那么数字文化产业的运行效率以及发展能力也将会提高。首先，积极融入制造业和服务业等行业，与相关行业协同发展，形成一个巨大的产业集聚群，将快速提升数字文化产业的影响力。其次，可以根据我国数字文化产业的独有特点，提高数字文化产业的创意水平和附加价值。立足中华优秀传统文化，对文物和非物质文化遗产等进行数字化转化和研发；嵌入具有地方特色的数字技术应用产品；打造中国特色数字文化产业，传播中国文化。

四、加快提升数字文化产业的国际竞争力

将传统经典的优秀文化与现代信息技术相结合，传统文化与现代优秀文化相结合，打造出能在世界范围内流行的文化产品，提高我国文化产品在世界的影响力。鼓励群众在不违背主流思想的情况下大胆创新，在数字文化创意上建立较为特殊的容错机制。为我国的数字文化产业发展建立起国际平台，建立起国内外文化企业在资本、技术等方面的合作交流。提升我国数字文化企业的出海和文化传播能力。

五、保持数字文化产业在科技和文化方面适度的张力

在数字文化产业中保持科技和文化的适度张力，使科技与文化产生共鸣，实现经济价值与社会价值的统一。数字文化产业具有经济和文化的双重属性，数字文化产品的生产不仅是物质生产，更是精神生产。数字文化产业的发展既要符合资本运营规律，又要符合社会发展的价值规律，用"科技+""文化+"双核驱动，实现数字文化产业的高质量发展。

第三章 数字经济时代娱乐产业的高质量发展

第一节 数字娱乐产业与国家"软实力"

一、数字娱乐在文化产业中的特殊地位

(一) 数字娱乐的产业特征

在各级政府的高度重视和积极推动下,中国正在掀起一场文化产业建设热潮。许多省、市、县、乡都把发展文化产业作为推动本地经济发展的重要手段,纷纷提出了建立"文化强省""文化强市""文化之都"等战略性的口号,"文化产业园区"也相继兴建起来。据中国社会科学院"2006 年中国文化产业发展形势发布会"公布的数据显示,目前,全国几乎有 2/3 的省份都提出要建立文化大省,所有的省都把发展文化产业列为"十一五"规划的一个重点。

这种发展文化产业的空前热情,是十分令人高兴的。但是,发展文化产业既要有高度的热情,又要有科学的规划和合乎客观规律的操作。我们当然希望中国的文化产业能够在这种全面跃进的热浪中获得飞速的发展,从而把中国建设成为世界文化产业大国。我们也知道文化作为一种产业有着不同于其他产业的特殊性,然而无论从产业发展的基本规律看,从文化产业的特殊性看,还是从国际文化产业发达国家的先例看,这种全面开花式的文化产业发展战略态势,其实际效果如何,都是值得我们加以审慎评估的。重视文化产业是好事,但如何使文化产业可持续地强势发展,却是需要我们认真研究的。

中国从过去的"文化搭台,经济唱戏",到今天认识到文化本身就是一种经济,这是新经济条件下顺应时代的一种全新的认识,这种认识有助于文化生产力的解放和产业结构的提升。但是,仅仅意识到文化也是一种经济是不够的,只有充分意识到文化产业的本质,才更有利于我们真正把文化产业作为一种产业来发展。

我们必须清醒地看到，不是任何文化形态都能够以产业化的手段获得快速发展，也不是任何有偿服务的文化活动都可以称为文化的"产业化"，更不是任何形态的文化产业都能在快速发展的同时带来人们所期望的经济效益和社会效益。

无论是"文化产业"概念在学术界的提出，还是当代国际文化产业的通行标准，文化产业都是指根据工业生产的标准化、规模化、专业化和连续性进行文化产品和服务的生产、再生产和流通的这样一个过程。这一文化产业的定义，与目前我国通行的统计学意义的"文化产业"概念其实并不矛盾。统计学意义上的定义把文化产业描述为"为社会公众提供文化、娱乐产品和服务的活动，以及与这些活动有关联的活动的集合"。它清晰地描述了文化产业及其相关产业的范围，即提供与文化产品、文化传播服务和文化休闲娱乐活动有直接关联的用品、设备的生产和销售活动以及相关文化产品的生产和销售活动，为我们提供了文化产业数字统计的方便工具。而把文化产业定义为标准化、规模化、专业化和连续性的文化产品生产和服务提供，则揭示了文化产业"产业性"的本质和特征，比较适合我们观察近10年来文化产业发生的重大变化，预测文化产业未来发展的方向。

通过最大限度地追求标准化、规模化和专业化来获取最大限度的利润，是现代产业区别于传统"行业"的一个本质特征。正是在这种对标准化、规模化和专业化的追求中，科学技术才成为其中最重要的生产力因素之一。而且，是否以标准化、规模化、专业化的形式来组织生产和服务，是否以标准化、规模化和专业化的方式形成生产链，也是现代形态的文化产业与传统的文化行业之间的重要区别。正是由于现代文化产业的这一最重要的特征，才使文化产业成为第三产业中最富现代意义、与高科技尤其是数码技术发展最紧密结合的产业。正如一些学者所指出的那样：现代文化产业实际上是一个巨大的"产业群"，"它们奠立于大规模复制技术之上，履行最广泛传播的功能，经商业动机的刺激和经济链条的中介，迅速向传统文化艺术的原创和保存两个基本环节渗透：将原创变成资源开发，将保存变成展示，并将整个过程奠定在现代知识产权之上"。

现代形态的文化产业与传统形态的文化产业在科技含量上存在重大的差别，这提示我们要依靠科学技术这个"第一生产力"来发展中国的文化产业，而不能把传统的公园、景区和人文名胜区做一个简单打包宣传，以外在的包装来代替文化产业的战略规划。

由于现代文化产业飞速发展的威力主要依赖于其大规模的"复制"和对日常生活大规模的"渗透"，因此，文化产业对现代传播科技往往具有更多的依赖性。这种以现代传播科技为基础的复制性和渗透力，是衡量文化产业品质的一个客观标准。这又提示我们，在文化产业的战略布局和文化产业的创意策划中，应该优先发展现代形态的文化产业，避免不分主次全面开花的战略；对能够提高文化生产"复制"效率，增加文化产品和服务于大众日常生活的具有渗透性的新兴科技，如网络科技、IT、数字技术等，应该给予特别的重视。

通过上述考量，数字娱乐产业理应成为我们关注的一个重心。

由于数字娱乐产业跨行业、跨门类的特点，因此它与影视、音像、传统文化娱乐、网络文化、图书报刊等行业门类有着不可分割的联系。信息技术、网络手段和数字化趋势为数字娱乐产品的开发与传播带来革命性变化。因此，在当代，数字娱乐业发展的状况已成为衡量一个国家信息文化水平及综合国力的重要标志。

（二）数字娱乐产业研究的跨学科视野

数字娱乐产业的特殊重要性，在中国已经越来越成为人们普遍的共识，但国内对数字娱乐产业的研究却相当缺乏。在中国现有的文化产业研究成果中，数字娱乐产业大多被忽视，至今为止，笔者在文献检索中尚未见到对数字娱乐产业进行品牌战略专题性研究的研究成果。

从实践的层面来看，北京、上海、杭州、成都等大城市都把发展数字娱乐产业作为城市产业升级的一项重要战略任务，在动漫卡通制作、游戏软件开发等方面积累了一定的研发、设计、制作能力，也培养了一定的专业技术人才。但从总体上讲，目前国内各省市在数字娱乐产业方面的竞争，大都集中在引进外资、数字技术和优惠政策等方面，而对于数字娱乐产业的"产业化特征"和品牌营销传播方面的特殊性则重视不够。这将不利于数字娱乐业未来的发展和市场竞争能力的进一步提高，从而影响到这些地区文化产业战略目标的实现。

（三）数字娱乐产业与国家"软实力"

娱乐是一种文化，娱乐产业既是一种产业形态，又是一种意识形态。数字娱乐产业的这一双重性特点，在中国的文化产业的后 WTO 时代背景中，将会日益显现出来。中国文化产业对国外资本的开放，是中国政府加入 WTO 组织所要履行的义务，是中国深化改革、扩大开放的重要战略举措，给中国的整个文化产业带来了新的机遇和挑战。外资的进入，将使中国的文化传播生态发生重大改变，这将是中国五千年文化发展历史中又一个根本性的转折点。它直接关系到中国文化生产方式（包括管理方式）和文化生产力的发展，关系到中国国家软实力的发展状态，其影响之深远，意义之重大，将会在未来的历史发展中越来越清晰地表现出来。

由于技术和政策等方面的原因，相对于其他文化产业而言，国外资本进入本土数字娱乐产业的限制相对更少，这就使本来就摆在中国政府面前的管理问题变得更为尖锐和迫切：政府必须在发展民族文化、扶持民族数字娱乐产业方面积极作为，同时又要避免行政压制市场能动性；政府必须履行保护和发展民族文化的责任，使中国包括数字娱乐产业在内的文化产业尽快振兴，但这种振兴努力又必须以尊重文化产业的客观规律，以培育文化产业的市场机制为前提，否则就会揠苗助长，欲速则不达。

我们认为，无论从文化竞争的规律看，还是从产业部分的规律看，政府都应该转变管理模式，增加"弱控制"，减少强控制，从而达到提高国家"软实力"的目的。

文化是一种软实力，娱乐是一种吸引人的柔性力量，而不是军事和经济那种压迫人的刚性力量。娱乐不是政治，娱乐不是教育，娱乐就是娱乐本身。然而，一旦娱乐在日常生活中遍地开花，立刻就会显示出任何政治、教育、军事和经济都无法替代的力量。在社会文化的条件下，一个民族的文化品牌将成为民族文化竞争力的重要体现。而文化品牌的特殊力量，就是它代表"文化"说话，而不代表政府说话。品牌化的文化产业是一种意识形态，但它又以人类的共同价值和共同感受为基础，这就是它独特的威力所在。

中国是一个文化资源的大国，同时又是现代文化产业的弱国，与文化产业发达的国家比较起来，差距十分明显。这个差距既表现在资金、技术、人才以及经营和管理模式等生产能力方面，同时也表现在生产目的、生产手段等市场观念方面。中国目前的文化产业虽然也取得了非凡的成就，具备了良好的基础，但由于其本质是国家文化事业的一部分，是在计划经济条件下成长起来的，因此在产业化运作和市场竞争能力上，与国外的竞争对手相比，并不在同一个层次上。

作为国家意识形态的文化事业与作为市场组成部分的文化产业，尽管有相互交叉、渗透的部分，但在本质上却分属于两种不同的体系，而数字娱乐产业相较于其他文化产业，其产业化特征又更强烈一些。我们现在讲与国际接轨，就是在全球经济一体化条件下，在WTO框架中，按照国际通行的产业化规则来竞争。我们国家在纯意识形态的文化事业发展上是有优势的，但对于这套产业化的规则却是陌生的。但历史的课题恰恰是：在这场我们曾经并不非常熟悉其规则的竞争中，我们只能胜，不能败。其理由有三：

一是经济方面的理由。文化产业在现在和将来，都是国民经济的支柱性产业，关系到国民经济这个大局。

二是文化方面的理由。文化产业既生产商品，也生产文化，既提供娱乐，也提供意识形态。因此，文化产业的失败不仅意味着国家在经济上受制于人，而且意味着一个民族在精神上受制于人。

三是保护和提高国家"软实力"的需要。"软实力"与"硬实力"的划分，是美国哈佛大学政府学院院长约瑟夫·奈提出的观点。冷战结束之后，美国一直存在着各种关于发展国家实力的争论，其中最根本的分歧在于两种关于国家实力的基本理论：一种理论源自传统的国际力量的唯实主义，相信国家实力建立在实力战略的平衡基础上，其中军事力量居支配地位。另一种理论来自一些新理论的综合，认为国家实力建立在文化因素之上，而不是建立在军事力量之上。

二、数字娱乐产业的硬实力与软实力

在此背景下，哈佛大学政府学院院长约瑟夫·奈提出了"硬实力"与"软实力"这两个术语，分别用以表示不同性质的国家力量。"军事力量和经济力量都是可以强迫他人改变立场的硬实力。硬实力可以依赖动机。"与此相对，"软实力"则依赖于诸如价值和制度这类文化因素。

约瑟夫·奈说："在国际政治中，一个国家可以通过这样的方式来获得它想要的结果：其他的国家追随它，欣赏它的价值，模仿它的榜样，热衷于它的繁荣和开放程度。从这个意义上讲，在国际政治中设置吸引其他国家的议程，其重要性并不亚于通过军事或经济力量来迫使别人改变。这种让别人想你之所想的力量，我称之为软实力，这种力量吸引人，而不压迫人。"

第二节　数字娱乐产业的内涵、要素和形态

一、数字娱乐产业的内涵

（一）娱乐与数字娱乐

说到数字娱乐，许多人的第一反应常常就是电脑游戏。但数字娱乐作为一个产业，实际上覆盖了用数字技术为人们"制造快乐"的各个领域：提供视听享受的数字音乐、VCD、DVD、IP 电视；重在参与体验的电子游戏、网络游戏、手机游戏；以数字技术为基础的动漫艺术；还有陆续开发出的新式娱乐产品，如 MP3、MP4、数字摄像机，甚至网络聊天、博客等，都可以划归在数字娱乐业的范畴。总之，一切通过数字技术为人们提供娱乐的产业都可以称为数字娱乐业。

据估计，全世界每年大约有 5000 亿美元花在了娱乐消费中。仅仅在美国，每年就有 1200 亿小时和 2000 多亿美元花在了各种合法的娱乐形式上。这足以表明，娱乐已经成为一个无比巨大的现代产业。而且，随着人们生活水平的进一步提高和数字技术的不断发展、不断向生活的各个领域渗透，娱乐消费的不断增加和娱乐数字化范围的不断扩大，这两个发展趋势都是不可避免的。

因此，我们需要追问的是：娱乐到底是什么？为什么娱乐能带来如此巨大的利润？数字娱乐有什么新特点？不同的数字娱乐形式的共通性和共同规律有哪些？

娱乐的本义是欢娱快乐。在汉语里，"娱"是一个形声字。从女，吴声。本义为快乐、欢娱。许慎在《说文解字》里以乐训娱，说"娱，乐也"，可见娱、乐同义。娱也可用动词，是表示戏乐、使欢乐的意思，因此娱乐也是一种活动，也能成为一种提供快乐的产业。

在英文里，娱乐本义是"款待的行为"或"招待的艺术或范围"，基本义是娱乐表演、余兴节目、令人愉快、使人感兴趣、使人娱乐的事物，尤指演出或表演，同时也常常用来表示被娱乐的主观感受，如被愉悦的欢乐、乐趣。在最宽泛的意义上，任何放松、刺激、消遣的活动都可以叫作娱乐。

不过现代文化产业学所研究的"娱乐"，显然不能仅仅停留在形形色色的各种娱乐形式上，它需要探索的是各种不同的娱乐形式背后共同的东西，它能引起广泛的兴趣，有极强的吸引力，如果需要，它还可以调动你的感情和情绪。正如娱乐产业学家哈罗德·L·沃格尔所说，娱乐的本义是这个词的拉丁词根"抓取"，"它触动你的灵魂"。数字娱乐产业用数字技术提供娱乐，也就是用数字技术来"抓取"我们的生命，数字技术已成为了人类超越现实世界，体验生命意义的重要手段。

我们的生活无一例外地受到各种各样的限制和束缚，我们必须承担自己的责任，而且不得不面对数不清的烦恼和失意。与此相应，我们也有许多生活的乐趣，我们往往能在我们的某些行动中得到愉悦，在某些视觉和听觉中得到巨大的享受，从而使我们得以从生活的束缚和重压中解放出来。这种娱乐的需要对于人类心理的平衡、生命的丰满和意义的充盈都是必需的。正如美学家席勒所说："只有当人是完全意义上的人，他才游戏；只有当人游戏时，他才完全是人。这个道理此刻看来也许有点似是而非，不过如果等到把它运用到义务和命运双重的严肃上面去的时候，它就会获得巨大而深刻的意义。"可见，游戏的需要并不是人类出于幼稚的贪玩和放纵，而是一种植根于人类本性的基本需要。这种需要的客观存在，是娱乐产品和娱乐服务的市场基础，为娱乐产业存在和发展提供了无限的市场前景和巨大的增值空间。

一项针对年龄在 16 岁~22 岁之间的消费者进行消费研究表明，73%的年轻人的第一消费动力来源于娱乐，他们的可支配收入有 60%都花在了娱乐消费上。研究还发现，年轻人上网的主要目的是为了娱乐，相比之下，只有 10%的年轻人说上网的主要目的是为了获得教育。

不仅如此，随着人们生活水平的不断提高，恩格尔系数的不断降低，娱乐因素已经全面渗透到人们日常生活和日常消费的方方面面。大量现代的日常消费，与其说是为了生存的必须，不如说是为了消费愉快的感觉。有研究者预言：到 21 世纪上半叶，"娱乐"将不再是一个特定的行业，因为所有的事情都可以换个角度或者方式来做，为人们提供娱乐，让人们过得更轻松愉快。1998 年美国著名的赌城拉斯维加斯的工作机会成长率高达 8.1%，超过了美国所有的新兴城市；纽约电影与电视工业的兴起使得纽约增加了 60 亿美元的产值。由此我们可以看到娱乐消费对经济的拉动作用，娱乐业正在成为经济增长的重要增值点之一。

（二）数字娱乐产业

汉语的"产业"一词对应于英文的两种含义：一是指固定财产或固定资产，如家产、土地、房屋、工厂等；二是指生产事业，特指工业。当人们说数字娱乐产业的时候，使用的是"产业"的第二个意义。与传统的娱乐方式相比，现代娱乐具有高技术与高情感相结合，艺术享受与商业消费相结合的特征。数字娱乐产业作为以宽带和互联网技术为平台，数字互动技术与艺术要素相结合的一种产业，与整个市场和社会文化娱乐消费紧密相连，是现代娱乐方式的典型体现，它构成了现代文化产业的重要部分。在整个文化产业体系中，数字娱乐产业是与现代科技结合最密切的部分，是最能体现文化产业科技、艺术、商业三位一体的现代形态。随着全球数字化革命的不断深入，人类"数字化生存"图景不断地成为清晰的现实，人类娱乐领域也开始了一场数字化的革命。以数字游戏、MP3、MP4、数字摄像、数字动画、数字电影、电视、移动数字增值内容为代表的数字娱乐产业正在迅速崛起，成为现代娱乐方式的主流。这种娱乐方式的革命，赋予了"数字化生存"这一概念新的含义。人类的数字化生存并不只是体现在吃、穿、住、工作等必需的物质生命活动中，同时也体现在人类的精神文化和娱乐活动中；这意味着数字化不再仅仅是人类现代生存的手段，同时也渗透于人类的幸福体验中，参与人们对生命意义的理解和领悟。

二、数字娱乐产业的技术要素

人的生命是丰富多彩的，人们的娱乐活动也有很多不同的样式。不过，我们如果从产业分析的角度来看，数字娱乐却是由两个方面构成的：一是它的技术要素，二是它的内容要素。在我们展开对数字娱乐产业深入讨论之前，首先需要对这两个方面加以明确的划分，并分别加以讨论。在本节中，我们主要讨论技术要素。

数字技术的普及，是数字娱乐产业存在和发展的前提。正是由于有了数字技术，才使娱乐从过去的高高在上降落到普通人中间，它不再掌握在电影公司或者唱片公司手中，而是从行业走向了日常生活，走向了每一个希望表达自己的人。有人习惯于用拍照手机记录自己一天的生活，有人坚持每天上网更新自己的博客（Blog，网络日志），也有人痴迷于用 DC、DV 来表达他们对生活的感受和理解。他们中的一大批人迅速地从发烧友成长为集制作、传播、接受于一体的个人娱乐单元。比如，风行一时的个人电台和个人网络直播室等，已成为数字娱乐时代的一种标志。从最为常见的手机短信、能够上网的个人电脑，到随时记录生活场景的 DC 和 DV 等，我们身边日新月异地涌现出来的娱乐制造工具，无不显示着技术要素在数字产业中的存在及其重要地位。

面对大众娱乐体验需求的升级，娱乐业也在努力借助技术的力量创新求变，除人们已经熟知的 IT 技术外，现在又出现了专门的 ET 技术概念，这也从一个侧面反映出技术已经成为娱乐产业的推动力，并正以数字化的魔力重塑整个娱乐业。

（一）硬件与软件

数字娱乐的技术要素包括硬件部分和软件部分。硬件的原始义是指五金器具，如锁、工具及刀具等金属制品或器皿。在计算机科学中，"硬件"特指计算机及其他直接参与数据运算或信息交流的物理设备。在我们讨论数字娱乐产业的时候，硬件概指实现各种娱乐功能的物理设备，如电脑、电视、手机、互联网的服务器及电缆、DVD机、游戏机、配置在电脑上的游戏手柄或其他相关的物理设备和附件。

所谓软件一般是指控制计算机硬件功能及其运行的指令、例行程序和符号语言。在数字娱乐产业中，软件是指进行数字娱乐所需要的各种计算机软件，也可泛指数字娱乐产业的内容生产。为了方便我们将数字娱乐的技术要素与内容要素分别加以深入讨论，我们在这里仅在严格的意义上使用软件一词，而把内容生产放在后面的小节中专门加以讨论。

数字娱乐需要各种娱乐软件，也需要为这些娱乐软件提供运行环境的基础性软件，如装在个人电脑上的 Windows 等系统软件，与系统软件配套的各种应用软件，在互联网上使用的浏览软件和下载软件等。因此，除了各种专门供人娱乐的游戏软件制造商外，大量基础性软件制造商通过数字娱乐产业获取了丰厚的利润。

（二）互联网技术

硬件和软件相互依赖、相互支持，它们都是数字娱乐必不可少的技术支持。因此，在数字娱乐产业链上，硬件制造商和软件制造商都是最先获利的价值链环节。

在数字娱乐产业的技术支持中，最为关键的环节是互联网在软件和硬件方面的支持。在任何产业链条中，从制造到市场销售以实现商业价值都是一个关键环节，这个环节曾经被马克思称为面向市场"惊险的一跳"。在这个环节中，又可以分为传统销售和互联网营运。其中，互联网营运对现代数字娱乐产业发展的推动作用最为巨大。高速发展的互联网，不仅成为了现代数字娱乐产业的加速器，而且成为了各种数字娱乐活动的平台。

目前，休闲娱乐已经成为众多网民使用互联网的主要目的之一，在用户娱乐需求的驱动下，互联网已经涌现了一大批专门为网民们提供娱乐服务的网站，如在线游戏、在线音乐、在线影视等。互联网在飞入寻常百姓家，走向大众化的过程中，也在大众的影响下演化成为一个在线娱乐平台，而不仅仅是一个单纯的信息交互平台。

多媒体个人电脑的出现，使娱乐第一次出现了平台化概念，人们可以通过个人电脑玩游戏、听 CD 唱片、看 DVD 等等。而互联网则延伸了多媒体个人电脑的娱乐平台概念，使个人计算机的娱乐功能具有交互性，从"人—机"游戏发展到"人—人"游戏，可变因素更多，对抗更为激烈。在没有互联网的时候，玩家只能和计算机玩电脑游戏，按照电脑游戏程序设定的场景玩下去；在互联网出现后，玩家就可以通过远程联网，与多个玩家同时玩一个游戏。你的游戏对手不再是电脑，而是在距离你很远的电脑前的人。通过互联网你可以不出家门与远方的朋友下棋、聊天，可以收看网络电视或者广播，可以获得各种新闻、娱乐及体育信息，可以找一些自己喜欢的音乐来欣赏。互联网像一座巨大的游戏机，把全世界的玩家结合在一起，实现了人类的娱乐活动在全球规模上的一体化，这在人类的娱乐史上具有划时代的意义。

（三）硬件制造业的数字娱乐化与"家庭数字娱乐中心"概念

随着数字技术的普及和人们生活理念的改变，"娱乐"已不再是局限于特定的时间和空间的特殊行为，而是渗透于日常生活各个部分的日常状态的一种，这就是所谓的"数字娱乐无处不在"。这一发展趋势，已经明显地影响了传统硬件制造业的发展方向。

现代经济的发展，已经使以休闲娱乐为主的第三产业从过去的居于配角上升为支柱性产业。当人们开始富裕起来的时候，就会把更多的时间和金钱投入到休闲娱乐消费中。因此，我们可以看到，有战略眼光的企业家纷纷开始关注数字娱乐产业。微软、英特尔、美国在线、索尼等一大批企业已经进军数字娱乐业，从传统的娱乐业如唱片工业集团，到计算机硬件业、软件业及整个互联网业的巨头们都开始关注数字娱乐领域。有的业界人士甚至认为，未来互联网经济的发展，"最有发展前途的不会是 B2B 电子商务，不会是 B2C 电子商务，也不是什么 ASP、IDC 等这些泡沫概念，而是在线'玩'经济——在线数字娱乐业"。每年数千亿美元的市场，正是这些业界巨头心动的原因所在。从在线游戏、在线音乐到网络媒体（门户网站、网络电视等），无不充满着业界巨头们的激烈大战。

三、数字娱乐产业的形态

（一）双倒三角模式与消费增值率

作为一种文化产业，数字娱乐产业的内容要素是比技术要素更加难以捉摸的东西。然而对于广大消费者来说，内容中的娱乐性，却是他们真正获得娱乐享受的重要价值之所在。单纯靠技术上的震撼效果是难以持久的，更难以支撑起巨大的市场。如果没有令人着迷的主角、没有引人入胜的故事情节，再多再好的技术手段也是不能充分满足人们的娱乐需求的。同样，如果没有动听的音乐，再新颖、再方便的网上音乐下载技术也没有了用武之地。因此，数字娱乐产业的竞争有时尽管表现为激烈的技术要素的竞争，表现为层出不穷、令人眼花缭乱的播放、搜索、下载工具和数字娱乐的技术平台产品的竞争，但数字娱乐产业最后的成熟一定表现为内容产业的发达，数字娱乐产业最后的决战一定会在内容产业领域中展开。

不过，我们也应该看到，技术形式的创造与内容的生产两者并不是可以截然分割的。在数字娱乐中，技术形式在制造视听震撼效果和逼真效果方面往往具有突出的娱乐价值。而且，由于软件的生产直接关系到人物形象造型、故事情节设置等内容要素，因此，软件生产环节在很大程度就是以技术手段使内容实现从创意到现实产品的环节，在此环节中，技术性软件编写人员与内容生产方面的策划创意人员必须有深入的交流和密切的合作。作为技术要素的软件部分，不仅离不开硬件制造，而且也离不开内容生产，三者之间相互依存、相互渗透而成为一体，共同构成了数字娱乐产业的一个"倒三角"产业链环节。在这个倒三角环节中，数字娱乐产品完成了初步的产生过程，从而向由"网络营运""传统销售"与"消费者"构成的下一个倒三角产业链环节过渡。

（二）数字娱乐内容生产的三种形态

数字娱乐产业所生产的内容产品，直接对应于人们的娱乐需求。人们的娱乐需求具有无止境地求新求变的特性，这就决定了数字娱乐产业所生产的内容也必须是无限丰富多彩、永无穷尽的。探讨人们娱乐需求的内在规律，从其千变万化的变异中寻求不相对稳定的娱乐需求结构。现在我们只是从生产形态的角度，对数字娱乐产业作一个大体的划分和描述，以便我们对数字娱乐产业内容的产业特征和规律进行认识。

所谓生产，其本质是对原材料的加工改造，使之发生形态变化，从而成为有价值的东西。数字娱乐产业的内容生产也不例外，也是对某种原材料的加工改造，使之成为具有娱乐价值的东西。在生产硬件设备方面，如电视机等的生产，数字娱乐产业与一般产业无差别，都是对自然材料的一种加工。然而，作为一种内容产业，它加工的却是"非物质"的精神文化类的材料。可以说，对非物质的精神文化内容进行数字技术加工，就是数字娱乐产业内容生产的本质。

与物质形态的原材料一样，非物质的精神文化"原材料"也具有形态上的区别。比如，有些是历史上保留下来的文化资源，有些则来源于灵感的创造，还有些则来自于已经成熟的内容产品，在这种情况下，所谓的生产其实就是对这些成熟产品进行数字化再处理，使之获得另一种形态。因此，我们可以按照数字技术所加工处理的对象来源和性质的不同，把数字娱乐产业内容生产划分为如下三种形态：

1. 文化资源的数字化

所谓文化资源的数字化，就是对现存的文化资源，如图书、文化、自然遗产等，进行数字化处理，使之便于存贮和消费。图书馆、博物馆、自然和文化名胜，都是现存的文化资源，在数字化技术出现以前，这些资源的消费只是现场性的，读者只有到图书馆才能借图书，观众只有亲临博物馆才能观赏其中的展品，游客只能到自然文化名胜地才能领略其风采。这不仅极大地限制了这些资源的文化价值的传播，不利于更多的人更方便地利用这些价值，而且也难以在保护这些宝贵的文化资源的前提下，对这些资源进行深度开采和价值转化。有了数字技术后，我们可以通过扫描、数字摄影、数字录像、录音等方式，把这些资源转化成数字信息，使保存和传播更方便；人们可以通过互联网、DVD光盘等媒介方便地利用这些资源；还可以对这些数字化之后的资源进行深度加工，将其制造成其他新的产品。

2. 创意内容及其数字化

数字娱乐内容生产的第二种形态是创意内容及其数字化，其中包括两个方面：第一是对原创性的内容进行数字化处理，如把已经摄制成的模拟信号录像片转化为数字信号进行非线性编辑，把手工绘制成的动漫作品转化成数字信号以便作进一步加工或进行传播。第二是在创意过程中直接引入数字化手段，从而使数字化技术介入到创意过程之中。例如，三维动画电影片的制作，从最初的形象构思到动作设计、情节发展等，都由数字技术来完成，创意思维以数字技术为基础来展开，数字技术贯穿整个创意的全过程。

如果说，第一种内容生产形态还只是对现存内容进行数字化处理，相对属于技术性生产环节的话，那么，第二种形态则是创意过程本身的数字化。在此形态中，不仅整个生产过程贯穿着对原创性内容的追求，而且对艺术家也提出了必须运用"数字创意思维"的新要求。

所谓"数字创意思维"，就是运用数字技术手段来进行创造性想象、构思和设计的思维，对艺术家来说，数字创意思维就是运用数字技术手段来进行艺术想象和艺术构思。在数字时代的电影、电视作品中，为了剧情发展和人物塑造的需要，导演往往需要在适当位置加入一些特殊效果，因而也需要采用数字技术。在这种情况下，导演的艺术构思与特定的数字技术手段也是密不可分的。一定的艺术构思提出的依据往往就是特定的数字技术手段。而像《骇客帝国》《魔鬼终结者》等经典名片，则是通篇运用数字技术来进行艺术构思的成功典范。在这些影片里，一方面，没有特定的数字技术手段，就不会刺激出特定的艺术构思；另一方面，数字技术所产生的效果又往往会出人意料地丰富和强化导演的艺术构思。在这种情况下，艺术思维与数字技术手段已经形成了一个有机整体——数字创意思维，与过去那种艺术家完成艺术思维，技术人员专门作技术处理，两者分工沟壑森严的情况已经大不相同。

无数成功的经验和不成功的教训都提示我们：培养良好的数字艺术思维，已经成为数字娱乐时代新一代艺术家的必修课。与第一种内容生产的形态相比，这一形态的数字化内容生产更具有原创性，因此也更接近内容产业的核心——创意产业。

"创意产业"是指那些从个人的创造力、技能和天分中获取发展动力并通过对知识产权的开发，创造潜在财富和就业机会，以促进整体生活环境提升的产业。它通常包括软件开发、出版、广告、电影、电视、广播、设计、视觉艺术、工艺制造、博物馆、音乐、流行行业以及表演艺术这十三项产业。数字技术的发展，使创意产业获得了充分发挥想象的空间，为自由的创意提供了无限广阔的前景。数字创意思维是数字化时代原创性内容生产的源泉，培养一大批具有数字创意思维的创意人员，是提高民族原创能力，发展国家创意产业的必由之路。

3. 内容生产的产业化

数字娱乐内容生产的第三种形态是内容生产的产业化，即利用数字技术手段，实现特定内容的形态转化，生产衍生产品。

所谓形态转化，是指将相同或相似的内容翻制成不同的艺术形式，或实现同一题材在不同娱乐领域的改编。例如，《流星花园》从漫画到动画片，再从动画片到电视连续剧，就是形态的转化。电子游戏《三国演义》，就是对同名小说内容的形态转化。

对相似的内容进行形态转化，从来就是内容生产的一个重要方面，不独为数字娱乐时代所特有。从内容生产的数量上看，以形态转化的方式来进行生产的一般多于完全的原创。而且在很多原创性的内容中，也可以发现一定的形态转化因素；而在最"忠实"的形态转化生产中，也会因形态的改变而产生内容或多或少的变化。只是由于数字娱乐技术的应用，使内容形态转化现象更为突出，更为高效而已。

所谓衍生产品，是指利用品牌延伸的原理，使同一形象或题材向不同领域的产品发展，衍生为其他种类的产品，如动漫形象衍生为玩具，迪斯尼系列动漫作品《米老鼠与唐老鸭》衍生为主题公园、文化衫、童装品牌等。

内容生产的产业化在数字娱乐时代具有特殊的重要性。无论是内容的形态转化，还是衍生产品的开发，对于数字娱乐产业链的完善都是非常重要的。数字娱乐既然是一种产业，就会按照产业自身的规律来发展，不断提高生产效益、最大限度地占领市场、以最小的成本获取最大的利润，都是数字娱乐产业在内的文化产业所必须遵循的商业法则。

现代数字技术使内容生产的形态转化和衍生产品的开发速度大大加快，以类似于"复制"的方式推动着媒体融合和市场的变化。在数字娱乐时代，电子通讯运营商、内容提供商、服务提供商的概念正在取代传统意义上的纯粹报纸或电视。成功的媒体运作将不会是固守传统的媒介定位，而是顺应现代内容产业规律、能通过积极的形态转化和衍生产品方式进入内容产业链，或与内容生产形成积极互动的经营策略。成功的报纸、电视将会尽可能适应市场对不同内容的消费需要，从新的增值业务中获得更多的收入。其中包括：对内容进行再包装和营销，提供跨媒体、多种格式的丰富的数字内容，通过高效的形态转化和衍生产品的开发，为市场提供丰富的产品或服务，以最大限度地挖掘原创性内容的市场价值，延长特定内容产品和服务的生命周期。

第三节　数字娱乐产业的营销

一、产品的商品化和商品的符号化

在传统的营销理论中，"4P"理论因简洁、实效而具有广泛的影响。所谓"4P"就是依据四个 P 为思考框架，展开营销要素的分析。这四个 P 分别是：产品、地点、促销、价格；其中首要的因素是"产品"。尽管当代的营销理论常常讲从"4P"向"4C"的转变，但"产品"或与"产品"类似的要素仍然具有重要地位。而 4C 分别是：消费需求、消费成本、购买方便性和沟通。这其中的道理很简单：产品或商品是营销的内容，而凡是营销，就一定是特定内容的营销。如清水公一教授就认为，"4P"向"4C"的转变，首先就是产品向商品的转变。因此，我们对数字娱乐产业营销的分析，也从其商品开始。

当我们面对数字娱乐商品的时候，首先遇到的问题是产品的商品化和商品的符号化问题，以及与此相关的消费的网络化现象。

产品的商品化是发生在生产者为市场交换而生产的时候，而商品的符号化则是消费主义意识形态占统治地位的时代。这是同一过程的两个阶段。前一阶段指生产者为了交换而生产，以及由此造成的产品形态的改变；后一阶段指随着这一改变量的加大，符号价值随之加大的趋势。

在营销传播理论中，用品、产品、货物和商品应该有严格的区别，尽管它们常常可以用来指称同一个对象。"用品"是从对象的有用性来理解对象，是站在使用者角度的一种释义；"产品"则是站在生产者角度，把它释义为一种制造成品；"货物"往往从流通者的角度，把它释义为有交换价值的东西；而"商品"则不同，经济学用它专指为交换而生产的物品。在现代营销体系中，商品是多层次的价值链组合体，在广告符号学中，商品又是一种具有品牌附加值的符号。

（一）产品的商品化

现代商品社会的一个基本特征，就是消费者所消费的东西不再是单纯的"有用的物品"，市场交换也不只是剩余"产品"之间的交换，而是包含有更多社会意义的东西——商品。

清水公一教授曾经专门辨析过"产品"与"商品"的联系与区别，甚至把从"产品"到"商品"的变化，作为传统营销传播向现代营销传播转变的一个标志。在英语营销著作中，货物、产品和商品都是常用的词语，可以通译为"商品"，然而学者们在使用时，还是会对它们加以细致地区别。

"为交换而生产"只是从生产的主观目的来解释商品的。从这样的解释中，我们还是不容易看清楚商品与产品在形态上有什么不同。产品转化为商品，其实并不仅仅取决于生产者的主观意愿，更取决于消费者的消费意愿。在现代社会商品生产能力极大提高，物质极度丰富的条件下，生产者之间的竞争加剧，而消费者面对众多商品的选择也变得更加困难，技术越来越复杂的高价格耐用品的维护和保养也成为消费者担心的问题。这就使现代商品不再只是具有一种"使用价值"，而需要附加一种特殊的识别符号，作为质量和信誉的保证，同时还需要良好的售后服务体系。这就是说，一定的使用价值只有和一定的符号价值与延伸服务结合起来的时候，才能成为消费者愿意购买的东西。

（二）商品的符号化和数字娱乐商品的"非实物化"

一件"产品"变为"商品"，这一过程本身就包含了十分深刻而丰富的社会意义的变化，它本来就是一个符号化的过程。在市场细分的作用下，在消费主义意识形态的影响下，"你是什么人，就消费什么商品；你消费的商品决定了你是谁"的心理十分普遍。很多消费者不仅通过符号来选择商品，而且通过商品符号来定义自己，通过消费来实现社会认同。在此情况下，商品的符号价值也随之增加了更多的附加值：它是一种社会的身份和地位；一定的商品名称和商标图形，也不仅仅是一个质量和信誉的标志符号，而是一种身份地位的象征符号了。

在这一符号化过程中，商品不仅被广告附加了超出其物质功能的意义，而且在符号"换挡加速"作用的影响下，商品这个核心功能、符号价值和延伸服务三位一体的组合，在整体上也有符号化的趋势，它的三层结构本身变成了更大的一个符号的一部分，成为一个新的能指，指涉商品之外的一种社会意义，即罗兰·巴尔特所谓的"神话"意义。

数字娱乐商品的符号化不仅发生在这种神话符号学意义上，而且也发生在商品的核心功能层次。也就是说，在数字娱乐产业的商品中，其符号化的过程不仅发生在"符号价值"层，而且发生在商品的最内在的"核心功能"层。首先，从形式上讲，数字娱乐产业商品的"核心功能"已经数字化了。在数字娱乐产业的商品中，其"核心功能"并不像一般商品那样由物质来实现，而是由一定的"数码"来实现，抽象的数字取代了具体的实物。其次，从内容上讲，数字娱乐产业商品的"核心功能"已经精神化了。人们对数字娱乐产业商品的消费，即使在"核心功能"层面，也不是对物质的耗费，而是一种精神层面的对话、交流和创造。因此，这种消费不仅不会耗费商品的价值，反而会使其增值。网上的音乐不会因为某人的下载、试听而损失其内容，反而会因不同人的理解而丰富其内容，因大量的流通而增加其知名度。一款游戏并不因为玩家的增加和游戏量的增加而减少其价值，反而会因此而大大地增加价值。玩家的游戏积分本身就是一种再创造的产品，它既是玩家的财富，也是游戏本身的价值延伸。

（三）消费的网络化

电子商务追求的是目标消费的网络化，即把传统上发生于现实时空中的消费行为转化到互联网的虚拟空间中。这一目标的充分实现，只有在数字娱乐商品这种非实物的商品形态出现以后，才成为可能。

尽管传统的商品也需要强大的物流系统，传统的售货渠道也是一种网络，即现实时空中的物流网络和销售网络。通过这样的网络，商品被分发到各个卖场。但从消费者的角度来看，购物或消费却总是发生在某个销售点上——那是具体的现实时空点上的"点式消费"。商品形态的实物化决定了"点式消费"的基本形态，购买商品、享受服务大多发生在销售或服务点上。

也许未来的某一天，电子商务的发展，将使传统的"点式消费"彻底转变为网络式的消费，但从目前互联网商务的发展来看，实物性越强的商品，如服装、大型家电等，就越难以网上购物的方式来推广。商品的实物形态决定了物流配送系统的存在，而实物商品在技术上的复杂性，也使消费者在商场购物更有安全感和选择的依据。与之相反，网上购物发展得最早、最快的，恰恰是图书、光碟等实物性较弱，甚至是非实物性的"内容"产品。对于这些看不见、摸不着的内容符号产品来说，消费者是否到现场挑选、验货，已经不太重要。

网上购物是消费网络化的雏形，因为它已经具备了消费网络化的两大特点。

1. 销售点概念的弱化

在传统的销售和消费模式中，销售点或者说卖场具有举足轻重的地位。商品进入黄金口岸的著名商场，往往是成功营销的必要条件。厂家往往会为了进入某些商场而付出可观的交易成本：入场费、展示费和维持与商场主管人员的良好人际关系都是必不可少的。这也是一种"渠道为王"。商场是消费实际发生的流通渠道，是所有消费者聚集的"点"。"渠道为王"说明了"点"的强势。

网上购物使销售点的概念大为弱化了。在网上购物的消费模式中，没有固定的卖场，没有消费者的现场集聚。不论是网上支付还是货到付款，其交易的地点都不是固定的，它们可能是消费者所在的任何一个地方：家庭、办公室、学校集体宿舍，甚至某宾馆的客房。交易场所的不定性打破了点式消费的模式，豪华、大型商场的强势被消解了。

2. "一对多"的交流变成了"一对一"的交流

传统卖场式消费是一种"一对多"的交流，一个商家面对众多的客户，一个柜台营业员面对众多的消费者。卖场就像一个辐射点，不断地向有效辐射半径内的消费者发出商业信息，形成"一对多"的，而且往往是以单向为主的传播。在"一对多"的交流模式中，不仅消费者向商场的传达非常有限，消费者之间的沟通也大多局限在家人、亲戚、邻居、朋友等小圈子中，无法形成有规模的横向交流。

网上购物变商家与消费者的"一对多"传播为商家、消费者之间的互动式交流。每一个消费者都可以从容地向商家发送信息，提出要求，也可以在消费者之间交流和交易。在此模式中，没有中心，没有边界，每个消费者自己都是一个交易"点"，各"点"之间形成了"一对一"的网状交流。

由于数字娱乐商品的非实物化特征，使大规模的消费网络化成为可能。软件光碟、游戏机配件等极少量的实体物质使网络配送十分方便，而更多的内容符号则是通过"下载"和"在线消费"的形式来实现的。方便的充值卡、游戏点卡和越来越流行的网上银行，使支付和结算方式也非实物化了：现金越来越少见，货币由金属符号、纸币符号发展到现在已经更为抽象的"比特"（bit）符号。20年前人们预测的便捷的"网上购物"概念，现在不仅通过数字娱乐产业得到最好的实现，而且还以数字娱乐商品的非实物方式得到了进一步丰富和深化。

二、数字娱乐产业的投入与产出

投入是指用于组织生产和销售活动的全部资源，产出是指生产和销售所实现的价值。数字娱乐产业在投入和产出上既有一般产业经营的共性，又有自己的特点。由于它是文化产业的一种，本质上是一种符号生产，因此不同于普通产业；又由于它与高新技术的密切联系，比普通的文化产业有更多的技术含量，因此又不同于一般的文化产业。

（一）数字娱乐产业的投资主体

由于数字娱乐产业比一般文化产业有更多的技术性和娱乐性，意识形态性也较弱，因此国家投资政策相对宽松。目前，在中国的数字娱乐产业内，投资主体大体有如下三类：

1. 企业

与一般产业领域一样，数字娱乐产业中企业投资的主要形式是资金和技术设备资源投资。相对于其他文化产业国有企业较多的情况，在数字娱乐产业投资的民营企业比例略高，而且外资进入难度也相对较小。因此，一些外资企业通过技术投入和资金投入的方式，相继进入了各地的数字娱乐产业园区。

2. 政府

政府投资数字娱乐产业的形式主要是法律法规资源和产业政策资源，产业政策包括：税收、关税、许可证和各种管制措施。虽然在政企分开、建立服务性政府的改革背景下，政府直接投资数字娱乐产业的可能性已经非常小，但政府通过制定扶持性的法律法规和产业政策，间接投入到数字娱乐产业的资本仍然有一定数量。通常的投入方式是专门用于鼓励数字娱乐产业发展的公共平台建设费用投资、政府对数字娱乐产业的补贴、税收优惠和数字娱乐产业园区在租金等方面的各种优惠。

3. 个人

数字娱乐产业的内容生产，需要大量有专业知识和专业技能的劳动者。他们创意能力的投入是以脑力劳动的形式投入的，在知识经济的背景下，这种"知本"的投入数量和质量，对于发展数字产业来说往往具有决定性的意义。

上述三种投资主体，其投入的方式不尽相同，但对于发展数字产业来说，都是至关重要的。没有企业的资金和技术设备的大量投入，数字娱乐产业就不可能上规模、上档次，也就难以获得规模效益和先进的生产水平；而没有劳动者个人创意技能的"知本"投入，企业也就丧失了最具活力的生产力要素，发展数字娱乐产业就会成为一句空话。同样，政府的各种直接或间接的投入，都是对社会资源的调动和使用，政府的投资有时虽然不以资金的形式出现，但却是代表社会的含金量最高的投资方式。

（二）数字娱乐产业的成本控制

数字娱乐产业是一个高投入、高风险的产业，成本控制是保证企业赢利的重要环节。在有效地发挥各生产力要素潜力的情况下，尽量降低成本，是企业生存和健康发展的必要条件。一般生产型企业最大的支出可能是大型的厂房和设备、大量使用的原材料；但对于数字娱乐产业而言，尽管也有昂贵的技术设备投入，但在生产场地面积和原材料消耗方面的问题却相对不是最主要的。对于一个知识密集型产业来讲，人才的因素是第一位的，因此对成本和效益控制的重点首先在于人力资源的开发和人力成本的控制。对于市场发育尚不充分，产业链还不十分健全，市场环境还有待优化的中国数字娱乐产业而言，除了需要大量的专业技术人员外，还迫切需要高级策划和市场营销人才，而雇用这类人才的薪金报酬在总成本中所占的比例，明显大于普通产业中的相应比例。

大体而言，数字娱乐产业的成本控制包括如下七个方面的内容：

1. 员工创造的平均附加值

企业用于支付员工的费用之和，应该小于员工创造的附加值。这是雇用员工的前提条件。由于附加值是各种工序、各个岗位合作创造的，因此我们不能把一定岗位的收入直接等同于在这个岗位上的员工创造的附加值。为了对用于员工的成本总量进行控制，计算员工创造的人均附加值是必要的。

有了平均附加值的概念，就能更好地设定工作岗位，并任用具有相应能力的员工，使公司为特定岗位付出的报酬与这个岗位对企业赢利能力的贡献相适应。这是从工作的质上讲的。与此同时，每个员工的工作量，也应当大到足以证明其岗位设立的必要性。工作量不足，就意味着不必要的成本损失。

用于员工的支出，不应只考虑到直接支付给员工的工资和资金，还要考虑到为一定工作岗位创造的必要工作条件，包括舒适的工作环境。这部分成本使平均附加值降低，但没有这部分成本的合理支出，则会影响工作进度，降低公司利润。

由于数字娱乐产业是创意性强、知识密集度高的产业，员工管理应该有别于一般生产行业。严格的规章制度应该与合理的创意管理流程相结合，才能真正提高员工的创造积极性，从而提高人均附加值。员工的创造热情的提高，是企业成本控制的一个重要因素，对于数字娱乐产业来说，富于创造性和凝聚力的企业文化建设，是必要的成本开支。

2. 员工报酬

员工的报酬应该公平，并具有市场竞争力。所谓公平，并不是指缩小差距，而是指员工的报酬应与员工创造的附加值相一致。所谓市场竞争力，是指付给员工的工资和奖金对相当的人才应该有吸引力，以免造成人才不合理的流失。

从心理学上讲，工资数量再高，对员工的激励作用也只能维持有限的时间。因此，合理地制定起点工资的水平，运用加薪、加班费等管理手段来周期性地激励员工，被认为是有效的。但是，这种手段的运用有一个难题，就是容易让员工误以为企业会定期地为大家加薪。如果员工习惯于定期加薪，其激励作用就会减弱；如果某一天员工没有得到加薪，便会产生怨恨情绪。

与此类似，周期性发放的奖金或分红也有双重效果。管理专家建议，资金和分红最好不要定期发放，它应该在给员工意外的喜悦中发挥更好的激励作用。一旦定期发放了，不仅激励作用会因心理疲劳而有所减弱，也会让一些员工有意无意地把它当成应得的福利。

定期收到的加班费也有类似效果，它会让员工觉得这是工资的一部分。一旦加班费没有了，就会产生工资减少的感觉。因此，有些管理人员宁可外聘临时兼职人员来应付短时超量的工作，也不愿意经常让员工加班。

3. 专业服务费用

数字娱乐产业涉及的专业十分广泛，为了既节约用人成本，又充分保证企业员工在这些工作上的专业水平，从而保证企业的市场竞争力，以"借外脑"和"用外体"的方式，量身订购专业服务，是最节约成本并保持高效的方式。

可以订购专业服务的工作内容有：

（1）市场调研，包括市场预测、消费者洞察、产品效果评估、竞争对手分析等。

（2）项目策划，包括新产品策划、脚本创作、营销传播、品牌建设等。借用外脑进行项目策划，不仅有利于解决企业策划能力不足的问题，使企业能够同时进行多个项目的论证和策划，而且可以降低项目开发的风险。

（3）会计和审计。财务、审计制度有越来越专精的发展趋势，如果花一定成本聘请一家会计师事务所完成日常的报税、审计工作，不仅能大大提高效率，利用专家减少不必要的损失，而且可以相对降低对公司内部财务人员的质量和数量要求，从而节约相应成本。

（4）法律顾问。数字娱乐产业中的大型公司往往聘请自己的法律顾问，但这需要较大的开支。根据数字娱乐产业目前面临的问题来看，主要的法律问题集中在版权维护和版权交易等方面。因此，中小型企业可以考虑几家公司合请一个法律顾问，或以合请一家律师事务所的方式来解决法律专业服务问题。

4. 设施和设备

中国数字娱乐产业领域的大多数企业选择以进驻高新技术开发区的办法来解决基本设施问题。因为购买土地和建设需要很高的成本，这种高额固定资产的投入不太适合灵活多变的高新技术行业，而租用场地的风险则小得多，可以省出大量的资金用于生产和营销。在中国鼓励高新技术发展和数字娱乐产业发展的产业政策下，多数省市都建立了高新技术开发区，甚至是配套设施齐全的数字娱乐产业园区。入驻园区的企业可以享受税收、租金等各种优惠政策。

数字娱乐产业对技术设备的要求比较高，购置高质量的技术设备，往往是数字娱乐厂商固定资源投资的重要部分。从效率和产业集群的角度讲，一些不常使用的设备最好是以租用为佳。租用不仅可以省下许多购置费和维护费，而且也减轻了设备升级换代快而带来的资金压力。只是现在中国的数字企业同质化程度高，即使是在产业园区内，这种设备上互补的优势也体现得不够充分。

5. 保险

中国的保险业正快速发展，因此数字娱乐产业实施项目保险的情况增加。因此像动画这种高风险的产业，实施大项目的时候购买保险是降低风险的必要手段。相信随着我国数字经济的发展，中国保险业的不断开放和中国数字娱乐产业规模的扩大，项目保险会逐渐增加。

目前，中国数字娱乐产业的保险成本主要来自于对员工的保险。企业可以制定一个完备的保险条款，针对贡献程度的大小，实施差别保险，这样既能控制保险成本，又有激励员工积极性和稳定员工队伍的作用。

6. 坏账

在数字娱乐企业经营项目比较单一的情况下，出现坏账的情况并不多。但随着价值链的延伸和生产规模的扩大，财务往来也会更加复杂。企业为了增强营销能力和增加创收渠道，以合资开发、植入式广告、冠名赞助、广告代表等形式进行联合经营的情况将会越来越常见。根本避免这类合作中的坏账的努力，往往会限制企业业务发展，使付出的成本比少量坏账还大。积极的办法是通过正规的付款程序减少坏账的风险，并对合作者的信誉进行考查。

7. 日常开支预算

日常开支的特点是每一笔数字都不大，但随时都在发生。这种数量小、频次高的特点，常常使日常开支成为一个成本控制盲点。为了既控制成本，又不影响工作人员的积极性，实行预算控制往往是必要的。预算控制就是对日常发生的费用总量进行分类控制，在预算范围内由部门主管签字报销。

须要预算控制的日常开支项目有：

（1）交通、通信费用。一些业务部门的员工要展开正常的工作，就会发生交通、通讯费用，而这类费用的实际发生往往是难以预计的。但如果实行实报实销，又会形成较大的成本黑洞。因此，根据部门工作的性质和工作平均量实行预算控制，部门主管可以在预算控制内签字报销，既能守住上限，又给了部门以工作上的灵活性。

（2）差旅费。差旅费的报销应当有严格的制度。报销差旅费的办法和标准，除考虑到出差人的级别、与其工资待遇是否相称外，还可考虑以与项目成本挂钩的方式来控制总量。

（3）报刊资料费。数字娱乐产业的特点，决定了数字企业应该对企业全员开放报刊资料，这也会构成一定的成本。为了对此加以控制，建立专门的报刊资料订阅和管理制度，安排专人负责是必要的。为了保证有价值的资料用在最有价值的人手里，还要制定严格的分级借阅和归还制度。

（三）数字娱乐产业的产出

所谓产业化运作，其重要含义之一就是以获取利润为目的。利润就是产出与投入的差额。数字娱乐产业既有经济性的产出，也有社会公益性的产出。前者表现为一定的经济收入，后者表现为一定的精神和社会收益，如文化自信心的增加、国家"软实力"的壮大等。在这些方面，数字娱乐产业与一般的文化产业并无二致。但是由于数字娱乐产业本身的特殊性，其赢利模式却又同中见异。这种异，主要体现在它们的创意产业部分。

文化产业，包括文化产业中的数字娱乐产业，可以分为创意产业和一般产业两个部分。所谓创意产业，是指那些创造性强的产业，如影视制作、动画制作、游戏制作、图书出版、绘画、作曲、戏剧编导等内容生产的行业，一般产业则只涉及内容的传播、相关用品和设备的制造和销售。文化产业赢利模式的特点，主要体现在文化产业的创意产业部分，而文化产业的一般产业部分则与非文化产业没有太大差异。

具体来说，由于依托于数字技术，数字娱乐产业的创意产业与一般文化产业的创意产业在赢利模式上有如下既相一致又相区别的特点：

1. 重复使用与复制增值

所有文化创意产业的商品价值都不是一次性完成的，都可以在重复使用或复制中实现增值。这是因为创意生产出的精神内容并不会因为消费而损耗，反而会因为消费者的精神参与而增值。这一特点，尤其在杰出的艺术作品上表现得更为充分。达·芬奇的油画《蒙娜丽莎的微笑》并不会因为被参观者多看了几次而减少任何内容，小说《三国演义》也不会因多次再版而减少价值。即使是普通的流行歌曲，也不会因为歌迷们反复的跟唱而损失任何内容或价值，反而会在千百次的"消费"中不自觉地实现着"再创造"，无形中为歌曲增添价值。

在数字娱乐中也是这样。在网上免费或廉价下载歌曲、影视作品或其他艺术作品之所以成为可能，就是因为消费者对精神内容的消费具有再创造的作用。

创意产品在消费中的增值方式主要有两种：重复使用增值与复制增值。重复使用的增值方式是直接通过消费者的消费行为来完成的。上面提到的艺术品增值的例子，都是属于重复使用以实现增值的形式。重复使用的前提，是作品本身的物质保存不受破坏。如果达·芬奇的《蒙娜丽莎的微笑》因为保管不当而遭到永久性破坏，以至于根本无法再辨识，那么这种重复使用的增值方式就中止了。而歌曲的流传因为不受物理保存的限制，在理论上是可以无限地流传而不断增值的。但从商业利润的实现来看，这种无形内容的流传即使增值，也对企业赢利没有直接贡献。能为企业带来利润的歌曲，是具体到特定歌手或乐队的歌曲，这种特殊性会得到强调，同时被存储在一定的介质上，如唱片、CD、VCD、DVD 或某个网站存储器上，使歌曲的流传成为一种可控制的过程，这样才能为企业带来收益。这就把我们引入了创意商品的第二种增值方式——复制。复制也是同一种内容的重复，但它是由生产者通过一定复制手段完成的。同一内容被复制到大量的物质载体上，一件作品就成了大量内容相同的商品。内容不会因此而减少，但商品数量却可以成万倍地增加，从而实现收入的增加。

传统的艺术生产观念认为，艺术的复制品由于在工艺细节上难以复原原作，而且没有原作的"唯一性"，因此其艺术价值是非常小的。这种艺术价值的微小也导致了复制品的商业价值的低廉。但是现代复制技术的发达，却可以使复制过程中的信息失真减小到最低限度，数字技术更使数字娱乐产品的复制在信息内容上与原作等值。这就使复制成为实现商品增值、增加企业赢利的主要手段。

一般而言，同一内容产品被有效复制的数量与这一产品的价值成正比。内容不变，复制越多，利润就越多。同一张 CD、同一部图书，发行量越大越好，其中每一张 CD、每一本书，都是内容等值的复制品，都会为企业增加收入。电视台播出的节目，通过发射装置在千家万户的电视机上显示出来，这是另一种复制。不论收看节目的电视机增加多少，都不会使电视节目内容有所损耗，在信号接收技术质量相同的条件下，接收到的内容也完全一样。这种复制往往以"收视率"的形式，为电视台带来丰厚的利润。复制得越多，收视率就越高，电视台的广告就可以卖更多的钱。

相对而言，由于数字技术在复制上的绝对优势，数字娱乐产品在增值方式上以复制见长。而由于一般文化创意产业相对于娱乐内容而言，有更大持久性，因此在增长方式上相对以重复见长。

2. 时间积累与升级换代

时间的积累，是许多具有持久性内容的文化产业增值的方式。绘画中的名家名作、承载了历史见证内容的古董，会随着时间的积累而成为"文物"，从而使其商品价值大增。这一增值方式与重复使用的增值方式的不同在于，它是随着时间的积累、一定内容的"稀缺性"增加而增值的，与这段时间中被重复消费的次数没有直接的关系。

文物的价值一方面取决于它的符号内容，另一方面取决于它的稀缺性。这一特点，使文物的增值方式难以采取"复制"的方式。因为不论怎样完美地复制技术，文物随着时间积累而产生的符号价值都是难以复制的，文物的稀缺性也是不可复制的。利用时间积累而增加价值，是收藏业和博物业赢利的重要方式。

对于数字娱乐产品而言，其价值往往不仅不会随着时间的增加而增加，反而会因为时间的流逝而减少甚至丧失。因为娱乐价值是需要以一定的新奇性为基础的，它具有较强的时效性。时间的流逝则会损害这种新奇性和时效性。一种游戏再有趣，天长日久也有无趣的时候，一代一代地玩下去的可能性更小。即使是艺术性较高的动漫作品，只要是数字技术的产物，其价值随着时间的增加而增加的幅度也非常有限，更难成为收藏业追捧的对象。因为它的原作与复制品几乎没有内容上的判别，更谈不上稀缺性。

不过，虽然数字娱乐产品在通过时间积累来增值方面并不见长，但它却有另外一种快速增值的方式，即同一产品的升级换代。数字娱乐技术为其产品的升级换代打开了方便之门，其效益之高，是传统技术无法比拟的。在原作基础上做一些必要的改动，对原来的不足加以修补，增加一些新的内容，这对于数字娱乐产品的生产来说，是十分方便的，其成本与新产品的开发费相比，简直是微不足道的。但它在市场收益上，却与新产品不相上下，而且市场风险也小得多：所有低版本用户都是它的市场基础。

最典型、最经常的升级换代当然发生在电子游戏市场。但在以数字技术为基础的动漫领域，也有类似的升级换代的增值方式。那些上百集的动画片和漫画作品，都有相对稳定的消费人群。它们连续不断的后续作品，其实就是前面各集的升级换代：形象不变、性格不变、矛盾冲突格局不变，甚至基本的审美要因也不变，要换的只是场景和具体的故事情节。这样的产品，用数字技术来加以生产，其成本也是非常低的，其赢利模式与游戏的升级换代相同。

三、数字娱乐产业的营销传播

生产与营销，是产业发展的两大基本问题。只有这两个问题同时都解决好了，才可能有企业的发展和产业的繁荣。因此，我们在深入研究数字娱乐产业生产规律的同时，还必须对其营销传播的规律进行深入的研究。

生产与营销两大环节在生产发展中常常是相互制约的，但这并不意味着它们两者之间是完全对等的关系。实际上，是以生产为主导，还是以营销为主导，是营销为了生产，还是生产为了营销，分别代表了两种不同的产业意识，从而区分出"生产中心论"和"营销中心论"这两种不同理念。在工业时代，生产能力是产业发展的主要矛盾，供给总体上小于市场需求，只要生产出好的产品，就不愁卖不出去，这是"生产中心论"形成的历史条件。而在科学技术水平极大提高的新经济时代，生产力有了极大的发展，市场竞争更为激烈，在大众市场上总体呈现出供给大于需求的情况，于是

"生产中心论"开始让位于"营销中心论"。

　　"营销中心论"的实质就是按需生产，以市场为导向来决定生产的内容和数量。这就需要我们抛弃原来那种先生产，再营销的工作方式，以市场的实际需求作为企业生产计划和生产活动的出发点，营销先行，按需生产。在此情况下，营销传播与品牌建设等工作的重要性就上升到事关一个企业能否生存、发展和繁荣的层次。

（一）数字娱乐产业营销传播的基本内容

　　营销与传播本来是相互关联的两部分工作内容。营销是指以提高收益为目的，以促进销售为中心的市场经营行为；而传播则是指信息沟通行为。营销也被称为"行销"，它并不是指简单的销售或单纯的促销，而是指围绕销售这一中心工作展开的一系列活动的总称，它包括了市场调查、营销定位、传播与促销等各种市场行为。由于人们越来越意识到成功的营销离不开成功的传播，而成功的传播总是以营销的成功为标志，传播与营销已经成为同一过程中密切关联、互为表里的两个方面，因此就有了"传播即营销，营销即传播"的说法。与此同时，"营销传播"这一新的合成概念也开始流行起来，并成为一个正式的学术概念。营销传播的基本含义是：以市场营销为目的的各种形式的沟通活动。

　　数字娱乐产业领域中的企业千差万别，不同的企业应该有内容不尽相同的营销传播活动。但从其营销传播活动的侧重点来看，可以把数字娱乐产业领域中的企业分为"内容提供商""营运商"和"生产营运综合商"三大类。所谓内容提供商，是指以生产内容产品为主的企业，其营销的方式是向营运商或消费者提供内容产品，如音像出版社、动漫制作企业、影视制作集团等。所谓运营商是指在自己的销售平台上出售内容产品的企业，如互联网站、电视台动漫频道以及传统的商场、批发、零售企业。生产营运综合商是上述两类企业的综合，如一些经营网络游戏的企业，既生产游戏产品，又有自己的游戏网站，实行内容提供与营运平台的综合服务。另外，节目制作与节目播出尚未分离的电视台或电视频道，也具有生产营运综合商的性质。内容提供商、营运商和生产营运综合商的营销传播活动在市场调查、营销定位、传播与促销等阶段的具体内容都不尽相同。现在，将对这三者分别加以论述：

1. 内容提供商的营销传播

　　内容提供商的营销传播活动所针对的对象是终端消费者和市场营运商，主要包括以下两个方面的内容。

　　（1）市场调查。市场调查是为制订营销传播计划而进行的背景研究，是营销传播活动的前提和基础。内容提供商的市场调查一般包括：

①消费者的人口统计特征、消费心理、消费行为形式、消费成本、信息交流模式等方面的分析；

②市场上已经有的相关内容产品及其满意度研究；

③其他内容提供商近期将会推出的产品计划及其特征；

④运营商对市场的预期及合作意愿。

（2）营销定位。

营销定位指根据市场需求和企业在内容生产方面的竞争优势来确定营销的原则和策略。其主要包括：

①具有竞争优势的商品定位策略，其目的是突出自己的内容特色，寻找竞争压力小的市场空间。商品定位策略的制定需要与企业层和生产部门沟通协调。

②价格定位。一定的价格策略不仅关系到企业的赢利空间，而且也是一种符号指标，划定了目标消费者。因此，这部分定位工作应该与目标消费者研究结果进行对照，尤其要参考目标消费者所愿意支付的平均消费成本。

③渠道策略及合作运营商的选择计划。制定渠道策略的目的是最大限度地保持内容产品与目标消费人群的便捷接触，以最小的渠道成本把内容生产送到终端消费者那里。因此，渠道策略的制定往往与合作运营商的选择相关联。

④传播策略。它包括传播的主要诉求点、营销宣传口号、传播形式（广告、宣传手册、传单、视频宣传短片等）、传播渠道选择、传播费用预算、传播效果检测、与产品上市推广相配合的传播实施计划。传播计划的实施，应该在商品正式上市营运之前的数月展开，以收提前造势之效。因此，传播策略的制定应该在营销定位其他部分基本定型后就尽快完成。

⑤促销计划。为了增加消费积极性，扩大试用人群，最好有一系列配合市场推广和传播活动的促销活动，如组织竞赛、赠送礼品、价格优惠活动、对运营商和营销人员的奖励办法等。促销计划书应该包括各种活动的具体目标、详细的活动安排、需要生产部门和传播部门的哪些具体支持，以及详细的经费预算。

2. 营运商的营销传播

营运商的营销传播活动所针对的目标主要是终端消费者。以互联网为平台的营运商的营销传播活动，也包括广告商或广告客户，具体内容有：

（1）目标消费者的消费需求及满足情况调查；

（2）同类营运商的营运情况研究；

（3）广告来源研究；

（4）根据上述三项做出的内容采购；

（5）对采购到的内容产品进行集成和再包装；

（6）产品上市前的造势和广告位置销售；

（7）产品上市后的管理和营销传播效果评估。

3. 生产营运综合商的营销传播

生产营运综合商的营销传播活动，要视情况而定。如果生产的内容产品仅在自己的营运平台上推广，同时自己的平台又只限于推广自己生产的内容产品，那么其营销传播活动的内容只需要把上面介绍的内容提供商和营运商的营销传播活动加以综合，删除相互针对的内容即可。但是，从生产潜能的充分利用和商业资源的充分开发角度来看，只为自己的平台生产和只经营自己生产的内容，是一种低效的经济模式。在这种模式中，本来具备的综合优势反而因小作坊式的自产自销模式窒息了，本来的生产优势成为不合理的负担，成为额外的成本，其效益必然低下。

因此，绝大多数生产营运结合商都立足于综合优势，产能对外开放。在保证自己营运平台竞争优势的前提下，为其他运营商提供内容产品，充分发挥内容生产能力的赢利能力，同时又充分开放自己的营运平台，把自有营运平台的创收能力发挥到极致。这样的企业需要做的营销传播工作，实际上应该包括内容提供商和营运商所要做的全部工作。其中，产品生产部门和平台营运部门可以视为相对独立的两个营销传播主体，相对独立地开展工作。但同时，加强两个部门之间的内部沟通也是十分必要的。

（二）7C罗盘与数字娱乐产业的营销传播策划

营销传播工作需要面对瞬息万变的市场，处理千头万绪的工作。如果不能抓住要害，事无轻重缓急，工作没有条理，就会出现顾此失彼的情况，从而使失误的概率大大增加。为了避免这种情况的发生，减少失误，营销传播学理论家们创造了各种营销传播模型，来帮助营销传播人员把握营销传播要素及其相互关系，使思维更有条理，工作更有头绪。

7C罗盘是一种综合了众多营销传播专家智慧的营销传播策划工具，其功能是帮助策划人员全面把握营销传播的各种要素，正确理解和处理各要素之间的相互关系。7C罗盘具有简明、实用、使用方便的特点，对于数字娱乐产业的营销策划具有重要的参考价值。

在主流的营销理论中，发生了一个从4P到4C的转变过程。所谓4P，是指由产品、价格、销售渠道和促销四个要素构成的营销理论模型。所谓4C，则是指由消费需求、消费成本、购买方便性和沟通四个要素构成的营销理论模型。从4P到4C的转变，反映了市场从生产中心时代转向了消费者中心时代，企业关注的中心从自己的生产转向了消费者的消费需求。1993年，美国西北大学舒尔茨教授等人在批判4P理论的时候，正式提出了4C理论。他们认为：

第一，应该先忘掉自己的产品，多关注消费者的消费需求。制造、销售的产品观念已经过时，消费者的需求、欲望才是最重要的。

第二，应该先忘掉自己的价格策略，转而关注消费成本，包括消费者付出的商品购入成本和因此花费的时间成本。

第三，先忘掉自己的渠道策略，转而研究消费的方便性。

第四，先忘掉自己的促销，转而实行与消费者的沟通。营销并不是强卖，而是传播沟通、与人交流。

由此，我们可以看出，4C模型的精神实质，是始终坚持以消费者为中心，以满足消费者为目的，以方便消费者为条件，以与消费者之间的沟通为手段来展开营销活动。清水公一教授在坚持这一基本精神的基础上，又加上了企业、商品和市场环境三个要素，构成了七要素模型。

现在，我们就以这个模型为工具，根据数字娱乐产业的自身特点，来阐述数字娱乐产业的营销传播要点。

从7C罗盘中我们看到，大的市场环境决定了消费者的消费愿望，而消费愿望则决定了企业的商品、渠道、成本和沟通。明白了这种关系之后，具体的分析过程既可以是从里向外的，也可以是从外到里的。现在，我们就按清水公一自己的习惯，采取从里到外的顺序来叙述。需要说明的是，我们的分析将尽量忠实这个模型的操作规范和基本精神，但在具体的叙述和分析运用中，则不一定完全按照清水公一先生的用词习惯。这样做一是为了照顾中国人的思维和表达习惯，使我们的表达尽可能简要、明白；二是为了适应数字娱乐产业的客观情况。

1. 企业

一个数字娱乐企业要做好自己的营销，需要做到对自己的情况心中有数，因此对企业的相关情况做一番清理是非常必要的。而7C罗盘则提示我们，企业的分析也包括了对竞争企业的分析。因此，企业分析应该包括以下五个方面：

（1）企业历史。数字娱乐产业是一个新兴的行业，中国数字娱乐产业的发展历史相对更短一些。然而，不同的企业有一定的创业、发展历史，这些历史都会成为影响营销执行和效果的因素，需要在营销分析中预先加以考虑。以中国数字娱乐产业的发展情况看，有些企业的前身是广播电视集团，在电子传媒运作方面有相当多的经验，但由于中国大众传媒长期在计划经济体制下运作，在市场营销的观念和经验上都有一定局限。另外一些企业原来从事房地产、烟草、医药等行业，因为看到了数字娱乐产业的发展前景而投资到这个产业中来。这类企业的长处是资金雄厚，市场经验丰富，但对文化产业的特殊规律了解不多，企业的人员配备中，具有良好文化传播素养的骨干也相对缺乏。因此，在营销策划中，每个企业就应该充分考虑到本企业的特点，注意扬长避短，取长补短。

（2）业界地位。由于不同的企业规模不一样，核心竞争力不一样，因此它们在业界中的地位也不一样。业界地位的不同，不仅关系到政府扶持力度的不同，而且直接与营销战略相关。只有选择适合自己企业实力的营销战略，才是正确的战略。

（3）竞争企业。企业营销工作往往有两大可以选择的目标：一是与同类企业竞争，争取更大的市场份额；二是扩大市场整体规模，在市场份额变动不大的情况下，与竞争企业分享产业发展的成果。中国的数字娱乐产业属于高成长的产业，市场处于发育的快速成长期，因此选择第二种战略模式，往往对整体产业发展有更大的好处，也更利于自己的企业降低市场风险，分享成长性市场的利益。在某些情况下，分析竞争企业，目的并不是为了强化竞争，而是为了寻找"竞合"的企业，从而更好地定位自己的市场目标。

（4）企业识别系统。企业识别系统即所谓 CI 系统，包括企业的理论识别（MI，如企业哲学、经营方针等）、企业行为识别（BI，如企业的行为规章，企业仪式，企业特有的公关、交际规范等）和企业视觉识别（VI，以企业的标准图形、标准字和标准色为主要内容的企业标志、商标、声音等）三大部分。由于中国数字娱乐产业刚刚兴起，大多数企业进入产业的时间都不长，因此相对于其他行业，数字娱乐产业的企业识别做得少一些，表现出整体上处在探索中的产业特点。随着产业的成熟，CI 战略的重要性一定会显示出来。因为视听符号是数字娱乐产业的一大主要产品，所以数字娱乐企业的 CI 战略，显得比一般企业更为重要。

（5）企业的营销目标。企业的营销目标包括长期、中期和短期目标。一般的营销策划应以实现中、短期目标为主，同时瞄准长期目标。由于数字娱乐产品往往周期偏长，一部动画片、一款游戏，从立项到产品上市往往少则三五年，多则六七年时间，因此即使是短期的营销策划，在执行上也需要一个较长的周期。

2. 商品分析

进行商品分析是为了掌握商品性能、特点、改良点、包装、品牌形象、商品使用情况，以及本公司商品的档次和占有的市场份额。即使是同一题材的动画片或同一类型的网络游戏，由于美术风格、叙述方式、对白、音效等方面的细微差别，也会影响到接受度、市场定位和受众接受方式等方面的变化，因此，在营销方式上也应该有所调整。国内的数字娱乐产业一般都较为重视商品分析，但在研究的系统性、科学性和深入的比较方面做得还不够。相信随着数字娱乐产业的成熟，这些方面一定会得到明显的改善。

3. 沟通

所谓沟通，就是一般所谓的信息传播，包括广告、促销、人员销售、公关、宣传、公司内沟通等。以中国数字娱乐产业的现状来看，沟通活动往往都占有重要地位，但问题是许多企业的沟通缺乏科学性和系统性。在沟通的成本核算上缺乏科学的依据，各种沟通活动之间的权重比例和配合协调也有待加强。

在7C罗盘中层的四个C虽然处在同一层面，但它们之间的关系并不是独立的，而是相互对应和影响的。例如沟通，就有针对商品的沟通，即把商品特有的定位及其信息传达给各相关人群；针对商品通路的沟通，即为商品流通渠道的畅通而做的广告、公关、宣传等；还有针对成本的沟通，即对商品和营销成本信息的沟通（成本沟通）和全部沟通活动的成本核算（沟通成本）。从这一要求来看，中国的数字娱乐产业在沟通方面确实有大量可做的工作。

4. 通路

通路即商品流通渠道。对一般商品而言，通路问题就是指对物流渠道的分析和管理，如对运输、保管、零售店的商品库存、商品周转率、商品陈列、零售业的服务信息等方面内容的分析、管理。

对数字娱乐产业而言，商品的实物性因素大大弱化，运输、保管、库存等问题并不是难以解决的大问题。但是，这并不是说通路问题就不重要。由于在内容生产与营运平台之间常常会有脱节的情况，通路问题往往以其特有的尖锐性表现出来。

例如，作为内容提供商的动画片制作企业，与作为营运商的动画片播出频道之间，就存在着一个通路难题。动画片的制作计划与电视频道动画片的选购计划，在基本目标上是一致的，即都追求受市场欢迎、具有高收视率的"好片"。但是，由于制作者与播出频道对具体商品质量的判断常常不一致，因而在选购什么、如何定价等问题上常常会出现分歧。选片不准或定价太高，影响到电视频道的利益；片子落选或定价太低，又会影响制作者的利益。尽管现在按收视点定价的方式，已经使商品定价出现了客观化的倾向，但频道选片机制仍然是一大问题。

其原因在于，一般而言，频道的选片员代表了"市场"的反应，他们来决定什么是好的或不好的，决定广大观众喜爱什么或不喜爱什么。这种选片机制，本身就蕴含了巨大的风险：错选的情况时常发生，从而导致内容提供商与营运商之间利益分配不公。与此同时，动画交易会上的选片，本身又是给内容提供商的一种暗示，它常常成为代表"市场需求"的信号。如果选片不准，实际上又会给众多内容提供商发出错误的市场信号。我们不妨假设一个极端的情况：选片人员以自己的偏好，选了含有很多色情情节的产品，这就会给生产厂商提供一个市场偏好于接受色情产品的假象。而由于市场上大量供应的都是色情产品，生产厂商和电视频道的调查员又会得出结论说：目前的观众大多有看色情动画片的倾向，从而强化这种错误的市场信号。这就是通路出了问题。在营运体制发达的数字娱乐产业中，营运商的商品订货或选购机制，常常造成通路中的问题，需要各方面共同去解决。

5. 成本

成本管理是所有企业管理的一大核心。数字娱乐产业投入高、风险大，成本管理问题也更加突出。如上所述，根据中层四个 C 的相关性，成本既指商品的生产成本，也包括消费的成本、渠道的成本和沟通传播的成本。就一般情况而论，企业往往乐意压缩不合理的成本，而在合理增加必要的开支方面反应相对迟钝。以中国许多数字娱乐企业来看，有效的营销、沟通成本支出往往不足，在生产环节的成本控制方面做的工作相对到位，而在无实效的社会交往方面的成本则控制不够。

6. 消费者

在 7C 罗盘中，消费者是包围着其他 5 个 C 的重要决定因素，因此消费者研究是营销决策中极其重要的一环。不管是大企业还是小企业，完全不做任何形式的消费者研究的是极为少见的。只是一些企业的消费者研究存在着过分依赖经验、过分依赖少数人主观感觉的问题，从而会使企业的经营活动带有极大的风险。

数字娱乐产业营销理论中的消费者，既包括现有的和潜在的消费者，也包括与数字娱乐及其他文化产业相关的人群。现在的营销理论界，消费者研究的理论和实践都已经十分丰富完备，出现了数不胜数的各具特色的研究模式。一般而言，完整的消费者研究应该包括：目标消费者的地理、人口统计资料，消费者的生活方式，消费者对广告的反应模式，消费者的品牌认知，购买动机，购买频度，使用情况和对消费信息的接受情况等。

7. 环境要素

环境是指企业进行生产和营销的大背景，它是影响消费者和企业整体营销活动的自然和社会条件。

由于数字娱乐产业具有非实物性和符号性，因此它与社会、文化环境和国内国际政治的联系相对更为密切，而与自然气候变化的联系，则不那么直接。一个国家政治局势的变化、产业政策的变化会影响到数字娱乐产业的营销行为，法律、法规对数字娱乐业营销的影响也远比其他行业直接。这些都是数字娱乐产业在国际竞争的背景下必须加以重视的。

第四节 数字娱乐的消费需求与"内容生产"

一、符号：数字娱乐产业研究的逻辑起点

（一）符号消费与内容生产

以人们的娱乐需求为研究的逻辑起点，这意味着我们首先需要了解：人们为什么需要娱乐？为什么一些娱乐形式总会让一些人沉迷其中？把这样的问题转化为文化产业的学术问题，就是：在娱乐中，人们消费了什么？

按照一般的理解，所谓消费往往就是对一定物质对象的消费。"消费"一词的词典定义就是"为了满足生产和生活的需求而消耗物质财富"。

然而，在娱乐中，我们却很难看到对物质财富的消费。数字娱乐产业与其他文化产业一样，即使有物质的因素，往往也只是作为一定精神内容的载体而存在，人们真正消费的不是光碟、电视机、游戏机和电脑，而是消费这些物理载体上所传达的非物质性的内容。因此，不论是数字娱乐产业还是一般的文化产业，内容产业都是核心。

有人认为，内容产业就是特定精神内容的创造；还有人认为内容产业就是生产出能够投放市场的"内容"的生产环节。这两种观点，都未能抓住内容产业的本质。

第一种观点虽然说明了内容产业的精神性和创造性，但对"内容产业"中的"内容"与文化事业中的"内容"未作划分，未能把哲学、艺术、科学等内容生产与产业化的内容生产区别开来，这不仅容易导致概念上的混乱，在实践中也会遇到极大的困难。实际上，精神内容的生产既有产业化的部分，也有非产业化的部分。如果是产业化的部分，就应该按产业规律，以市场的消费为导向；如果是非产业的部分，则应该以人类的知识积累和智慧增长为目标，而不应受到市场的干扰。我们必须对这两部分加以严格的区别，否则既会损害文化事业的发展，也不利于文化产业中的"内容产业"的发展。

第二种观点虽然考虑到了市场因素，但由于以"内容"来定义"内容"，犯了循环定义的错误，所以仍然未能揭示文化产业所生产的"内容"与哲学、艺术等文化部门所生产的"内容"有何不同。

我们认为，文化产业中的"内容产业"，是以文化消费为导向的符号生产；而所

谓娱乐中的消费，实际上就是对符号的消费。理解这一定义，必须掌握如下两个要点：

第一，创造和使用符号，是人类文化的共性，但文化事业的符号，其价值相对侧重于符号的"所指"，即严格意义上的"内容"；而文化产业所生产的符号，其价值则相对侧重于符号的"能指"，即符号形式本身。哲学、艺术等文化事业的精神生产尽管也离不开符号，但其侧重点并不在符号形式本身，而在于一定符号所承载的精神的内容。相对而言，哲学、艺术等文化事业的生产更注重符号的"所指"，它导向对严密的知识探讨和严肃的人生意义探索；而文化产业中的"内容"生产则更注重符号的"能指"，它导向符号"能指"的娱乐性的消费。这可以视为哲学、艺术等严肃文化与作为文化产业的娱乐文化的一个分水岭，也是两种"内容生产"相互转化的临界点。在哲学、艺术的发展中，一旦某一流派放弃了严肃的意义追求，成为"能指的狂欢"的时候，也就具有了娱乐性质，并开始向广义的游戏转化；而一旦某种娱乐形式承载了哲学或艺术性质，就上升为艺术。

例如，中国历史上流传了一千多年的"木兰替父从军"的故事，当其作为民间故事流传的时候，其主要功能是娱乐大众，人们消费的"内容"主要是一个传奇的叙事符号。这个符号作为一种文化资源，既可以开发为《木兰辞》这样的诗歌艺术，把人们引向对社会、人生、性别等问题的严肃思索，也可以开发为美国动画片《花木兰》这样的作品，使之具备鲜明的娱乐性特征。作为诗歌艺术的《木兰辞》以语言符号为基础，其意义却并不止于语言本身的娱乐，而在于符号之外的精神内容，即所谓的"意在言外"。

其中的语言符号，包括语言符号所创造的"意象"符号和它们带给人的形式上的美感，都是为符号的"所指"服务的，都是通向"所指"的桥梁。而美国动画片《花木兰》作为产业化的产品，则偏向于对中国文化中的符号形式的开发，中国的长城、烽火、农耕、纺织、战马、皇室等文化元素通通成了《花木兰》的符号组成部分，它们的价值主要不是引导人们对中国文化进行深度的思考，而是作为纯粹的符号形式组合来娱乐大众，让人消费。因此，《花木兰》中的众多的符号组合，典型地体现了能指大于所指的文化产业特征，恰到好处地对应于人们的娱乐需求，方便市场的传播。

第二，文化产业的符号生产，一方面是各种符号系统的组合，另一方面又与工业制造相互联系。因此，它不仅有赏心悦目的娱乐效果，而且方便产业价值链的延伸，从而形成了巨大的市场。严肃的艺术生产也创造独特的符号体系，但它们基本上从属于一个意义的深度模式。在严肃的艺术作品中，任何符号都必须有助于艺术主旨的发展和深化，任何游离于主题之外的符号，都会作为有害于艺术的冗赘而被剔除。

在第一章中，我们说一切通过数字技术为人们"提供娱乐"的产业都可以称为数字娱乐业，而没有按通常的说法，称之为“制造快乐”的产业，是因为“快乐”是一种主观感受，而主观感受是既不能制造，也不能交换的。娱乐产业能够制造和交换的是符号，而符号的消费则让人产生快乐的主观感受。

以这种符号消费的观点来看整个数字娱乐产业，我们就会发现，符号的生产，其实正是数字的基本特征，而符号本身，则是隐藏在各式各样数字娱乐产业背后的“产业基因”。那么，符号又是什么？数字娱乐产业生产了哪些符号？人们为什么需要这些符号？

（二）视听符号、叙事符号与符号的组合

什么是符号呢？所谓符号，就是代表另一事物的事物，换言之，一切能表示自身之外的事物或意义的东西，都可以称为符号。符号构成了人类的意义世界，正如物质构成了人类的物理世界一样。法国哲学家马里坦说过：“没有什么问题像与符号有关的问题那样对人与文明的关系如此复杂和如此基本的了。符号与人类知识和生活的整个领域相关，它是人类世界的一个普遍工具，正像物理自然世界中的运动一样。”符号是人类创造的一种普遍工具，它具有如下三种基本功能：

一是认知功能。

认知是人类创造符号的最初动机。为了在人的头脑中反映客观世界及其规律，以精神的方式把握世界，人类就必须对客观世界加以“命名”，即用一定的符号来表征具体的对象，把看不见、摸不着的规律或意义，表示为可见可听的物质形式，从而使它们变得“可知”。人类的认知活动实际上是一种以“指代功能”为基础的编码行为，即用相对简约的事物来表征相对复杂的对象，从而把对象信息化，便于将其储存于大脑中。

二是传播功能。

传播包括人们各式各样的信息交流，而信息交流也就是传信人的“编码”和受信人的“解码”这种符号操作过程。没有符号，任何传播都难以实现。

三是娱乐功能。

在符号的传播功能中，已经包含了认知信息的交流和情感信息的交流，因此在特定条件下能够唤起人们的审美愉悦。而当符号的思想含量和情感含量趋于稀薄，仅仅以其符号的形式特征引起人们愉快的感受时，我们称之为符号的娱乐功能。娱乐功能与审美功能一样，都是“无利害而生愉快”的。

所谓“视听符号”就是具有具体的视觉或听觉形象的符号。影视作品中构成镜头画面的各种符号，如人物形象、环境外观，动漫作品中的各种形象，游戏中的角色符

号和环境属于视觉符号；而对话、旁白、音乐、音响则属于听觉符号。总之，凡是作用于人的视觉的符号都是视觉符号，凡是作用于人的听觉的符号则是听觉符号，视听符号是这两类符号的统称。

数字娱乐中的视听符号与现实世界中的人们使用的视觉符号有一个重大区别，就是它们被有意识地抽去了现实工具性，从而强化了娱乐性。所谓工具性，主要指其现实功利性功能，即认识功能与传播功能。当这两种功能被抽离，或大大弱化之后，符号的娱乐功能就凸显出来。这有点像人们把野鸡的羽毛拔下来以后的情形：羽毛本来以保护野鸡身体，维持野鸡正常的生命活动为基本功能，其主要功能是现实功利性的；而它在人们眼中的审美功能只是次要功能。但当它从野鸡的身体上被拔下来之后，其维持生命活动的功利性功能就蜕化了，被抽离了，于是其审美功能就被凸显出来。人类世界的视听符号本来具有认识功能、传播功能和娱乐审美功能，数字娱乐产业所生产的视听符号有意识地使符号的认识功能和传播功能被抽离、弱化，从而得到更强烈的娱乐功能，得到所谓的"纯粹视听享受"。

所谓叙事符号，是指把人物、事件等名词性符号故事化的符号。所谓故事化，也就是把它们编排到一定的时间顺序中，从而虚拟出一个生活世界。叙事符号往往是一些时间标记，如"很久很久以前，有一个国王……"这一符号串中，就存在着一个时间标记"很久很久以前"。在数字娱乐中，时间的标记不一定以语言文字的形式出现，也可以用阳光的明暗变化、镜头的淡入淡出、划入划出等方式来完成。

叙事符号在数字娱乐中的重要功能是"虚拟性"，它通过时间的组合，虚拟出一个不同于现实世界的虚拟生活世界，使符号的现实工具性进一步弱化，从而达到增强符号娱乐功能的作用。甚至同样的一个事件，如致命的自然灾难、疾病、战争，如果发生在我们的现实生活中，一般而言很少有什么娱乐性，它们对于我们只是灾难和不幸。而如果出现在虚拟世界中，发生在"很久很久以前"的"一个不为人知的世界"，那么其中的一些符号，如洪水、雷电、救护车、红十字、手术台、各种战车、武器等，就会以纯符号的形式作用于人们的视、听神经，表现出其特有的娱乐性。

按照唯物主义原理，任何虚构的艺术世界和娱乐世界，都以一定的现实世界为基础。但是，叙事符号的作用，就在于对日常生活进行符号化叙事，即按照不同于现实逻辑的符号逻辑来进行故事。增加虚拟性，弱化现实性，减少实用功利性，是数字娱乐产业符号生产的一个基本规律。不幸的是，我们的国产数字娱乐产品，如国产动漫作品却常常违背这一基本规律。相对于一般的影视作品，动漫作品的特点就是长于虚拟性，短于现实性，而我们的制作者却往往强人所难，偏要在其中增加现实性、功利性的东西。国产动漫的质量问题，首先就在于不懂符号生产的规律。

所谓符号要素的重新组合，是指跨媒介符号的相互借用和符号产品在不同生产领域中的产品延伸。符号要素的重新组合是数字娱乐产业创造高附加值，实现产业链整合的重要手段。

（三）数字娱乐中的类象符号、标记符号与象征符号

至此，我们已经明白，娱乐消费的基本内容是符号消费，符号的生产是数字娱乐产业内容生产的主要任务。于是，符号的特征在相当程度上决定了数字娱乐产业的基本特征，符号是数字娱乐产业的"基因"。因此，我们有必要对符号这种数字娱乐产业的"基因"特性加以更深入的讨论。

我们的讨论将首先以视听符号为对象展开。由于人的信息输入的最重要渠道是视觉和听觉，而视听享受不仅是数字娱乐带给消费者的重要快感，同时也是其他快感形式的基础。

依"符形"与"符号对象"之间关系的不同，视听符号可以参照三分法，分为类象符号、标记符号和象征符号三种。"符形"就是符号的物理形式，代表某一事物；符号对象就是被代表的那个事物，是符形所指的对象。除了符形和符号对象而外，"符义"也是构成符号的重要组成部分。所谓"符义"，即符号传达的意义，又译为"符号解释"，也称为解释项。"符形""符号对象"和"符义"被合称为符号构成的三要素，理解这三个要素，对我们解剖娱乐需求和数字娱乐产业的内容生产有很大的帮助。

类象符号是以相似性关系使符形与符号对象结合在一起的符号。绘画和摄影作品所创造的符号是最典型的类象符号。电影镜头中的人、物、环境，也都是类象符号。须要注意的是，不仅现实事物可以有自己的肖像符号，虚幻的对象也可以有。动漫作品中的"七个小矮人"、机器猫，电子游戏中的各种各样的角色等，它们同人们头脑中的虚幻对象也具有肖似性，所以也属于肖像符号。

肖似性是类象符号区别于标记符号和象征符号的主要特征，但肖似性并不是必然的、固定不变的一种关系。在符形与符号对象之间是否存在肖似性，要受到符号使用者知觉系统和符号使用情境的制约。因此，符号形体与符号对象之间的关系不可能是简单的一一对应的肖似关系，它具有表现多元化和程度差异性的特点。所谓"肖似性的多元化"特点主要表现为一形多用和多形一用。一个圆圈，不同的人可以用它来表征不同的符号对象：司机用它表征方向盘，地理教师用它表征地球仪，人在饥饿时，可以"画饼充饥"，用圆圈来表征大饼，如此等等。所谓"多形一用"，是指同一符号对象在不同的主客观因素的影响下，可以用不同的符号形体来表征，因为它们与不同

的符号形体具有肖似性。同样是表征"楼"这一符号对象，画家可能会用一幅画为符形，依据的是某一视角的外形相似；建筑师可能采用设计图纸为符形，依据的是内部结构的类同；而售楼人员则可能以模型作为符形，其依据是立体的肖似性。

标记符号是指符形与符号对象之间存在着因果或邻近性的联系，使符形能够指示或索引符号对象存在的符号。标记符号的对象往往是一个确定的、与时空相关联的实物或事件。例如，动物园里的关于动物名称的标牌，就是那些动物的标记符号。当我们看到一个标有"熊猫"的笼子时，就会知道里面关的是熊猫。一些高层建筑物屋顶上的指示灯，也是标记符号，它们示意夜航的飞机注意这里有建筑物。施工现场的"前方施工，请绕行"的牌子，以及路标、站牌、风向标、商标、招牌等都是相关事物的标记，都属于标记符号。另外，雷电产生时，人们一般总是先看到闪电，后听到雷声，虽然闪电和雷声没有因果关系，人们还是把闪电作为雷声的标记符号。可见，只要某物能够预示或标志某时、某地、某物或某事的存在或曾经存在，它就可以被看作标记符号。

符号学理论根据标记符号中符形与符号对象之间因果或邻近关系形成的方式，把标记符号分为自然标记符号和人工标记符号两类。自然标记符号是指符号形体与符号对象之间的因果、邻近关系是自然形成的，是通过人们经验性的观察而获得的符号。例如，"朝霞"与"晚霞"是雨的自然标记符号（即所谓"朝霞不出门，晚霞行千里"），闪电是雷鸣的自然标记符号，恐龙化石是恐龙的自然标记符号，等等。人工标记符号是指符号形体与符号对象之间的因果、邻近关系是人为约定的符号。例如，路标是道路的标记符号，招牌是商店的标记符号，红绿灯是车辆停止或通行的标记符号等。

任何符号都是符形、符号对象和符义三者的统一体，标记符号也不例外。在标记符号中，符形与符号对象之间的因果或邻近关系，只有经过推理才能获得，因而推理构成了标记符号"符义"的重要特征。推理是标记符号的认知方式，"标记"就意味着推理。

标记符号的这一特点，使它在数字娱乐产业中具有十分广泛的运用范围。在影视作品、动漫作品中，标记符号被大量用于情节的推动、悬念的设置或者被作为破案的线索；在游戏中，不仅各种窗口式"工具盒"或"装备栏"是标记符号的运用，而且玩家寻找的"宝贝"、破关的线索也都是重要的标记符号。因此，标记符号的成功运用，在数字娱乐中往往是带来娱乐的关键性因素。

象征符号的符号形体与符号对象之间没有肖似性或因果相承的关系，它们之间的联系仅仅建立在约定俗成的基础上。例如，语言就是典型的象征符号。语言与它所表征的对象之间没有什么必然的联系，用什么样的语言符号来表征什么事物，仅仅建立在一定社会团体约定俗成的基础上。不同民族可以有各自不同的约定，从而形成不同的语言符号系统。例如，汉语、英语、日语等自然语言符号，手语、旗语、鼓语等特殊语言符号，都属于象征符号。

象征符号在艺术和数字娱乐产业中具有重要的作用。特别是一些抽象的概念、情感等，本来就很难找到可以模仿或直接联系的感性特征，因此也多用象征符号来表征。例如，玫瑰花是爱情的象征，鸽子是和平的象征，红色是喜庆的象征，白色是纯洁的象征，国旗是国家的象征，城徽是城市的象征，图腾是氏族的象征，等等。其他诸如姿势、表情、动作、衣着、服饰，以及方位、数字，等等，只要把它们与另一事物人为地约定在一起，并得到一定社会群体的认可，它们都有可能成为象征符号。

象征符号的符形与对象之间的关系是一种主观约定，其间没有肖似关系或因果邻近的关系。因此，人们可以自由地创造象征符号，使它们代表我们想要代表的东西，传达任何可以想象到的内容。

玫瑰花是爱情的象征符号，而玫瑰与爱情之间关系的建立，来源于西方文化的约定，两者之间并不存在客观的必然联系。作为爱情的象征符号，人们完全可以有不同的约定。《诗经》中的"投桃报李"（"投我以木桃，报之以琼瑶""投我以木李，报之以琼玖"），"木瓜""木桃""琼瑶""木李"等各种瓜果都被作为爱情的象征符号，其中"琼瑶"还成为当代爱情小说作者的笔名。唐代诗人王维的诗歌"红豆生南国，春来发几枝。劝君多采撷，此物最相思"，把红豆作为爱情的象征符号，直到现在红豆的爱情象征意义还在汉文化社会中发挥效用。这些都是中国数字娱乐产业可资开发的宝贵符号资源。

须要说明的是，类象符号、标记符号和象征符号三种符号的划分，只是符号学理论的一种单纯的逻辑划分，而在数字娱乐产业的运用中，往往会出现三者交叉、重叠的现象，需要我们灵活运用其特点和规律。在符号世界中，同一符形，因人、因时、因地而有不同的解释，因而归属不同的符号类别，这就给了符号运用者以巨大的自由创造空间。例如，大雁南飞，是秋天将要来临的标志，应该属于标记符号；而在一些动画作品中，制作者却通过情节的设置和感情的寄托，把大雁创作为象征符号或标记符号。还要注意的是，符形的构成可以是单一的，也可以是由若干单一符号构成的复合体。以类象符号为例，它的符形可以简单到是一个声音，也可以复杂到是一座建筑物或一个战争场面。这些都提醒我们符号学分类的复杂性，只有在实践中深入地掌握具体的符号规律，才能在符号的创造中得心应手。

二、叙事符号与媒介叙事

如前所述，叙事符号是指把人物、事件等名词性符号故事化的符号，其重要功能是"虚拟性"。它通过时间的组合，虚拟出一个不同于现实世界的虚拟生活世界，使符号的现实工具性进一步弱化，从而达到增强符号娱乐功能的作用，使之以纯符号的形式作用于人们的视、听神经，表现出其特有的娱乐性。

叙事符号按照不同于现实逻辑的符号逻辑来对视听符号进行编码，使符号增加虚拟性，减少实用功利性，是数字娱乐产业符号生产的一个基本规律。在本节中，我们要探讨叙事符号与民族风格的作用，以及与之相关的媒介叙事与日常生活之间的关系，从而加深对符号消费与符号生产规律的理解。

（一）叙事符号与民族风格

欧美的动漫作品和网络游戏与日本的相比，在风格和精神上有明显的不同。这种风格上的个性化和精神上的独特性，是其符号生产成熟的一个标志。这种个性就像一个醒目的品牌，吸引着不同的数字娱乐产品消费者。

不同的风格和精神个性，显示着不同的精神力量，它既是一种商业力量，为相应的市场利润提供保证，又是一种符号力量，发挥着文化的"软实力"。因此，要发展中国的数字娱乐产业，就必须大力提倡中国作风和中国精神的数字产品；否则，中国庞大的数字娱乐产业，就可能沦为其他国家的加工基地。

现在人们谈论数字娱乐产品的民族风格和文化个性，大多局限于作品的题材和主题，其谈论的深度，往往也只涉及视听符号层面。似乎只要在视觉上采用中国造型，在听觉上采用中国音乐素材，就一定是中国风格和中国精神了。

可见，单纯从造型、声音系统去看民族风格和民族精神问题，抓住的恰恰是非常表面的东西。从符号生产的角度来解释这种"内容生产"现象，我们就会发现，上述看问题的方式只停留在视听符号这个层次上，而根本忽视了更深的符号逻辑层次，即忽视了叙事符号的作用。

视听符号固然是民族风格的一种体现，但它毕竟只是一种外在的体现，它们可以表征特定的民族精神，也可以成为单纯的外在装饰，为其他民族的精神服务。而它们具体表现了什么样的精神内涵，则只有其被叙事符号按一定的符号逻辑组织起来之后才能确定。

例如，自《春秋》的"一字褒贬"以来，一直到《红楼梦》，中国叙事符号都是以价值评价相对隐晦、含蓄的模糊逻辑来展开的。经过这样的叙事符号处理的人物和事件，往往具有意在言外、回味无穷的特点。又如，中国的叙事符号展开方式往往是"仁、智、忠、勇"四维式的，因此在《三国演义》众多人物中特别突显的是，"仁"的符号刘备，"智"的符号诸葛亮，忠义的符号关羽，"勇"的符号张飞；而在《水浒》中才恰恰有了相应的宋江、吴用、林冲和李逵；《西游记》中唐僧师徒四人，不过是这一叙事逻辑的童话式变形。这一四维模式在中国叙事文学史上长盛不衰，一直影响到当代。在姚雪垠的作品《李自成》中，我们仍然可以看到它的影子。这说明叙事符号在组织故事方式方面具有重要作用。中国的叙事符号虽然并不都像人们所熟悉的"欲知后事如何，且听下回分解"那么明显可辨，但在表现民族精神，体现民族风格上却起着内在的规定性。

（二）媒介叙事与日常生活

数字娱乐产业与传统的高雅艺术有一个重要区别，就是它的大众性和通俗性。它不是高高在上的存在，没有神圣的光圈，也不是有别于大众日常生活之外的一种东西。它与家用电器一样，就是日常生活的组成部分。因此，当我们研究数字娱乐产业的符号生产，探讨叙事符号的规律和作用时，也不能离开大众日常生活和大众传播媒介。数字娱乐产业的叙事符号与日常生活和大众传播媒介中的叙事符号，基本上遵循着同一种符号逻辑在运行。

大众传播媒介构成了我们的信息环境和延伸的神经，塑造着我们的生活形态，同时，一种受大众欢迎的成功媒介本身也是大众生活形态的一种表征，是大众心灵结构及其需求的一种符号化的表现。大众传媒每天也在生产符号，供大众消费。这些符号与大众的符号消费需求具有同构对应性。受大众喜爱的大众传播媒介就是较好地满足了大众信息需要的媒介，它运用的符号模式必然与大众的信息/符号消费模式相对应。根据这两种对应性，我们就可以通过某一成功媒介成功的符号运用，来描述大众的深层结构。成功的传媒不只是成功地赚取了大众眼球的符号生产机构，同时也是我们透视大众日常生活和大众心理结构的最直接的窗口。

（三）日常生活的三重结构

麦克卢汉有一个著名的基本论点：媒介是"人的延伸"。为了真正弄清人们为什么每天都会像消费米饭一样消费符号，弄清数字娱乐的玩家们为什么会像嗜酒者一样沉迷于符号消费，那么我们必须从作为人的延伸的媒介，回溯到人本身，在符号学的层面上将两者更密切地联系起来观察。

传媒研究的唯意志论者常常以"议题设置""文化霸权"的论题方式，把传播的宣传作用看成是万能的，尽管在宣传和广告中，他们会常常碰壁：他们会发现他们投入巨资的广告是无效的，他们的宣传是不受欢迎的。

信息可以影响人，但只能影响那些需要这种信息并具有这种受影响特质的人。广告可以说服或打动人，但也只能说服和打动那些适合被说服和打动的人。只有当符号生产能够满足人们的符号需求时，传播才是有效的。这就是说，传播效果的实现，不仅需要一定的信息到达量，更需要受众需要结构与信息结构的同构对应。

媒介既然只是人的延伸，那它就只能延伸人本身就具有的东西。研究表明，大众媒介符号具有的象征性、现实性与"真实域"三种属性，按照同构对应的规律，大众的日常生活也应该具备象征性、现实性和"真实域"，而且，媒介符号的三种属性，应该是日常生活属性的表征和延伸。理解这一点，对我们把握数字娱乐产业内容生产规律具有重要意义。

第四章 数字经济时代出版产业的高质量发展

第一节 数字出版产业发展现状及特点

一、数字出版产业的发展现状

（一）数字出版产业的边界

1. 产业界定

产业经济学中产业的含义，"是指生产同类产品，并具有密切替代关系的厂商在统一市场的集合"。可以说，数字出版产业是指用数字化技术编创、复制、发行出版物并具有较高替代关系的厂商的集合。

从产业链的角度看，根据不同厂商所开展的主要业务看，构成数字出版产业的厂商主要可分为四类：

第一类是数字出版商，主要从事数字内容的生产、加工和传播。它大致包括三小类：一是开展数字出版业务的传统书、报、刊出版社，如施普林格、中国高等教育出版社、爱思唯尔等；二是从事数字内容集成加工和传播的公司，如谷歌、清华同方知网等；三是从事网络原创资源开发并传播的公司，如盛大文学。

第二类是数字发行商，专门开展数字出版内容的推广、发行，如亚马逊、龙源期刊网。

第三类是数字阅读运营商，主要通过特定渠道或设备控制终端消费者进而开展活动。

第四类是数字出版服务商，专门为机构或个人的数字出版业务提供技术支持或服务。

当然，这并不是严格科学的划分，实际上其中的大部分公司在数字出版产业中同时充当多种角色。

2. 产业细分

从总体上说，数字出版产业提供的是数字形态出版物，这也是其区别于传统出版产业的最明显之处。从数字出版物形态看，目前数字出版产品形态主要包括电子图书、数字报纸、数字期刊、网络原创文学、网络教育出版物、网络地图、数字音乐、网络动漫、网络游戏、数据库出版物、手机出版物（彩信、彩铃、手机报纸、手机期刊、手机小说、手机游戏）11 种形式。其中，网络游戏是否应该划入数字出版产业的范畴内，专家们仍争论不已，但在我国的政府统计口径中，它无疑属于数字出版产业的重要组成之一。

随着技术发展和社会需求的变化，数字出版物的形态不断丰富，数字出版产业的边界会不断扩大，内涵也会更加丰富。

从社会功能看，数字出版物与传统的书报刊之间没有太大区别。因而数字出版产业与传统出版业相似，可以划分为学术出版、教育出版和大众出版三大部门，分别主要满足科学研究与知识积累、文化教育、娱乐休闲方面的社会需求。

3. 产业融合与边界扩大

在数字技术兴起之前，建立在模拟技术基础上的出版产业与广播电视、通信等产业之间泾渭分明，而数字技术和互联网的兴起从根本上推动了这三个产业的融合，并且随着技术的发展，产业融合的程度不断加深。数字出版产业就是这种融合的产物，它成为三个甚至更多产业发展的交叉且逐渐延展的地带。反过来，不断扩大的数字出版产业不仅拓展了出版的产业边界，还由于其继承了广电、通信等产业的基因而改变、丰富了传统出版产业的产品、功能和市场。其中影响最大的可能是数字出版业中的大众出版部门，其与影视、网络游戏等娱乐产业之间的重合区将越来越大。

目前，我国政府正推进电信、电视、计算机三网融合，努力实现三者之间的互联互通、资源共享，也为数字出版产业的发展带来巨大动力。有业内人士认为三网融合对数字出版业有五大好处：信息服务将由单一业务转向文字、语音、数据、图像、视频等多媒体综合业务；极大地减少基础建设投入，并简化网络管理，降低维护成本；将使网络从各自独立的专业网络向综合性网络转变，网络性能得以提升，资源利用水平进一步提高；通过网络的整合，衍生出更加丰富的增值业务类型，如图文电视、视频邮件和网络游戏等，极大地拓展业务提供的范围；打破了电信运营商和广电运营商在视频传输领域长期的恶性竞争状态，各大运营商将在一口锅里抢饭吃，看电视、上网、打电话资费可能打包下调。可见，数字出版产业的边界及运营方式将在三网融合的背景下发生新的变化。

（二）数字出版产业发展历程及现状

1. 数字出版产业发展历程

（1）探索阶段——数字出版产业发展迅速但亟待整合。如果说数字出版一开始只是一些由网络游戏、网络广告占主要地位的网络新媒体为了实现利益最大化的小打小闹，那么数字出版产业真正得到有机整合来自首届数字博览会的举办。

经过近一年筹备的首届数字博览会以"互通互联，共建共享"作为主题在北京召开，"整合"无疑是出现频次最高的关键词之一。数字出版产业需要多方整合；传统内容资源与网络资源的整合；传统出版力量和技术提供商的整合以及企业之间通过竞争达到对市场资源的整合。这一切，需要政府、企业和消费者的积极参与和良性互动。来自出版社、电子书制作商、软硬件技术提供商、国内外数字出版企业等众多代表共聚数博会，在会场展示了众多高新技术产品和优秀的电子出版物，而许多政府部门和数字出版领域的专家学者也参与会议研讨，共话中国数字出版产业链的构建和发展。

虽然数字出版产业的总产值每年都迅速增长，但是产业内各种要素发展不平衡，传统媒体资源与网络资源得不到有机整合，技术提供商投入做内容，传统出版商将其视作竞争对手而不是互利共赢伙伴，导致重复建设，浪费了一定的人力物力。

（2）初步成型——出版集团统一规划数字出版业务。由数字化浪潮带来的产业融合使得出版、网络、电子、电信等行业的界限被打破，内容行业逐渐被纳入更宏观的服务业范畴并不断产生新的商业模式。数字出版以强大的力量分解着传统媒体包括电视、广播、报纸之间的边界，分解着社群、产业之间的边界，同时也分解着信息发送者和接受者的边界。数字出版将会打破传统出版业按介质区分的行政分割，极大地延长出版物的产品线，实现内容资源价值的最大化。

传统出版业对数字出版业的认识也悄然开始转变。中国出版集团、高等教育出版社、外研社等纷纷介入并大力开展数字出版业务，他们不甘心只做内容提供商，希望利用自己的优质内容在产业链中获取更多的价值，探索出适合自己的数字出版商业模式。正如中国出版集团刘成勇所说，对于一个出版集团来说，仅靠做内容是不行的，应该走内容、平台、终端三位一体的产业路线。数字出版实现了出版商、技术提供商、移动运营商等不同身份的整合，促成角色的换位与融合；实现出版、电信、影视等不同行业的集合，达到优势互补，资源共享。高增长态势和数字化浪潮将会使数字出版业融合加剧，形成多赢局面。

我国数字出版产业呈现高增长态势，将推动产业链上下游加速融合，数字出版业将进入"运营至上"的产业化发展阶段。这在宏观层面需要数字出版业的上下游产业主体建立密切联系，在微观层面需要通过有效的整合为读者提供更加精准的内容。

以电子阅读为例，分析亚马逊的运营模式可以看出，网络运营商已经被彻底渠道化，仅仅作为内容下载的通路存在，而提供终端设备和内容下载平台的亚马逊成为产业的主导者，电子阅读器的竞争不再仅是"硬件竞争"，而是综合了内容、运营和服务的"平台竞争"。

可见，在数字出版产业发展过程中，平台是产业链各环节都希望扮演的角色。平台建设的意义不仅在于对用户阅读需求的把握以及支付方式的搭建，更在于对海量内容资源的聚合。也许未来 10 年，数字出版业将持续向平台化方向发展，只有产业链上下游共同努力，构建良好的环境，才能使数字出版产业更好地发展。

随着传统出版与数字出版的重组和整合，互联网和通信技术的发展，新兴的数字出版业将焕发出前所未有的产业生命力，从出版源头到纸本、数字的出版，再到以门户、手机和电子书等移动终端为特征的阅读，传统出版冲破了原有的与数字技术的隔阂，两者实现了良好的整合、合作或者紧密融洽的分工，数字出版的产业链条走向有序整合并最终完成产业化的过渡。

（3）数字出版基地建立——数字出版产业呈集群式发展。产业集群是产业发展适应经济全球化和竞争日益激烈的新趋势，是为创造竞争优势而形成的一种产业空间组织形式。在经济全球化的今天，产业集群式发展已成为全球性的经济发展潮流，产业集群构成了当今世界经济的基本空间框架。加强国家出版传媒产业园区的建设发展是新闻出版业五年发展规划的突出内容和重要任务，以此推动出版资源整合，充分挖掘多种出版资源的潜力，从而促进体制机制创新，促进出版产业大发展、大繁荣。

在我国，随着数字出版产业的迅猛发展，根据业界的需求，各部委和地方政府批复成立了多种类型的与数字出版相关的产业基地，集群式发展已初现端倪。目前我国数字出版基地大体框架、布局已经基本就位，在"十二五"期间，数字出版基地应有重大进展，以确保我国由出版大国向出版强国转变的规划完成。

在取得突出进展的同时，张江基地遇到了发展中的一些问题，可供国内其他基地借鉴。首先便是基地经营性指标和功能性指标的矛盾。张江基地运营主体是基地公司，是一个企业实体，而张江基地公司在这三年里，绝大部分的基地服务业务都是以推进基地建设、产业发展为目标的，并不是以利润为目标。因此，虽然基地发展得越来越大，越来越好，但是基地公司的发展却没有跟上基地和产业发展的步伐。两个主体发展截然不同的趋势已经成为基地存在的一个重要问题，功能性和经营性的定位对基地公司带来一些制约。其次是基地经济性标杆和产业性标杆之间协调发展的矛盾。基地发展既须要做大做强基地的产业规模，同时也需要在产业中产值比重不大却对产业发展具有重大带动作用的企业。但是一般地方政府往往注重经济性标杆而忽略产业性标杆，因此在两者之间的协调发展上还需要下大工夫。一些园区发展思维里还是看到经济标杆，特别是引进企业的时候，可能还关注未来的产值问题，但是有一些行业标杆的企业就是带有一些功能性的，经济上的回报不一定贡献很大，但是对于行业很重要。最后是一些企业为享受各地优惠政策而采取候鸟式迁徙的方式。

园区对新引进的企业都会采取各种优惠政策，但是企业发展几年之后，政策的跟进会弱化。前几年的税收返回很大，几年后又没有了。各个园区可能都有类似的情况，上海各个园区之间都有这样的企业流动，或这里一个企业，那边再搞一个企业，享受那边的政策，大家都有共性的问题。

2. 数字出版产业发展现状

数字出版是高新技术出版，它的产业链短，参与主体却更复杂。在这样一个数字化内容生产链上，省去了物质形态的印刷环节，而简化为"数字化内容+数字平台+终端读者"模式。总体来说，数字出版产业呈以下几个发展状态：

（1）新媒体、新业态成为出版企业资本运作主阵地。经营性出版单位的转企已经全面完成，这为出版产业的资本运作创造了良好的条件，但出版产业的行政分割与行业分割尚未完全打破，出版企业的跨地域、跨行业重组仍有不小的阻力。相对而言，出版企业投资重组新媒体公司的阻力更小一些。

数字出版等新媒体具有良好的发展前景，但短期内靠新媒体赢利是不现实的，从事数字出版必须有长远眼光，要有大量的资金投入，但最重要的方式是资本运作。新浪、百度、当当网等新媒体公司都是在风投的陪伴下长大的，而后又都先后在美国上市。今后会有更多的出版企业通过资本运作进军新媒体领域。出版企业投资数字出版等新媒体已经形成共识，这一共识将会发展成为一种不可阻挡的趋势。

（2）数字出版产业链运营机制初步确立。数字出版是中国出版业发展方式转变的重要方向，是中国出版产业升级的必由之路，代表着中国出版业发展的未来。数字出版产业主要体现在：数字出版的产业发展环境进一步优化。

数字出版内容标准和数字版权保护体系进一步完善。中国文字著作权协会在继续寻求谷歌数字图书馆侵害中国作家权益一事的解决途径，龙源期刊网法人代表因拒付数字出版侵权的罚款被行政拘留，这一系列事件引发了业内对网络盗版侵权的普遍关注，数字出版版权保护体系将逐步建立，数字产权保护技术进一步发展。

二、数字出版产业的特点分析

不同产业由于在整个社会经济系统中所处的地位、功能和发展阶段不同，其运作方式也各有特点。从社会经济的发展实践看：一个新兴产业的运作往往是在吸收传统产业运作方式的基础上逐渐稳定、成熟起来的。考察和分析产业的运作方式及特点，有利于把握该产业的经济本质和发展规律，从而更好地推动产业的健康发展。随着数字技术的普遍应用、商业模式趋于成熟、经济规模迅速壮大等，数字出版的产业运作方式逐渐萌生、发展，形成了当下的数据库、电子书、文学网站、多媒体互动报刊等形态各异的数字出版运作方式。但是，从与传统出版业和其他传媒业比较来看，这些数字出版的运作方式在生产对象、资料来源、经营方式等方面呈现出共同的特点。这些特点主要表现为五个方面：以信息和知识为生产对象、以创意为核心资源、以获得受众注意力为赢利途径、具有双边市场特性、以版权保护和管理为运行基础。

（一）以信息和知识为生产对象

从本质上讲，出版活动的对象是信息和知识。信息是物质存在和运动的表现形式，知识则是人的大脑通过思维重新组合的系统化的信息。1996 年，世界经合组织认为知识经济是建立在知识和信息的生产、分配和使用（消费）之上的经济。它是相对于农业经济、工业经济而言的新的经济形态。知识经济是把知识作为最重要的资源，并把人创造知识和运用知识的能力看作是最重要的经济发展因素。数字出版产业正符合知识经济的这一本质特征，数字出版的生产、流通和消费都是围绕一定的数字内容展开的。数字内容是由人类所创造出来的符号化的信息、知识和文化构成，且与传统出版必须借助物质化的载体手段不同，它可以脱离载体而纯粹以信息的方式存在。

相对于传统出版及传媒产业所经营的内容来说，数字出版内容具有更长、更鲜活的生命力。这是数字出版内容两个显著特征决定的。第一是具有多重生命。"内容具有多重生命"的概念是美国学者提出的，它"首先是一个初始的产品，其次是一种可以被赋予新的形式的财产——可以被重新包装、重新发布和重新设计；然后通过在几乎没有数量限制的播放器和设备分销、购买；并且通过种类繁多、相互结合的形式来获得体验"。他认为，传统的内容制作阶段包括开发、生产、作品发布、分销和消费。数字环境下的内容所有者则必须加入对生命的重新赋值（包括重新包装、重新表达、重新定位等），如果最终的产品被重新制作，重新分销并且被一个新的用户群体来使用。第二是交互性。信息和知识在消费的过程中不仅不会被消耗掉，而且还遵循着边际效益递增的规律，但传统出版的内容完全由它的创造者和传播者决定，一旦"出版"就确定不移，不容更改；而在数字化环境下，数字出版的内容在生产、传播和接受的过程中，可以不断地被修改、增减，甚至消费者也可拥有和作者、传播者同等处理内容的权利（版权保护的权利除外）。

（二）以创意为核心资源

以信息和知识为内容的数字内容是大脑的创造物，其源头是人类的创意，所以数字出版业无疑是创意产业的重要组成部分。创意是数字出版业的根本源泉，所以激发、保护并开发创意，进而培养、聚集有创意能力的人就成为数字出版产业获取资源的主要手段。虽然传统出版业也以知识和文化为生产对象，但在信息技术及数字环境下，数字出版摆脱了传统出版业精英化的创作模式、工业化的生产手段和物质化的载体及传播渠道，为创意从创作到消费开辟了无限的发展空间。借用有的学者对创意经济的论述，这一变化"将关注重点从信息、知识等具体方面转向抽象的个人创造性思维层面，从最初依靠科技、网络等人类创造性思维的劳动成果，进而转向具备创造性的个体——人，直至重视培养与追逐具备创新精神的人才"。

以创意为源泉的数字出版产业改变了内容创造传统模式，实现了从精英向大众的转变。约翰·霍金斯认为，创意经济依赖于个人的创意、想法，不会被艺术家等特定人群所垄断，任何人都可以有创意，都可进行创意。国内著名学者厉无畏也指出创意不是大师的权利。这在数字出版业就表现为内容创作者和生产者和消费者之间的界限模糊，进而带来一种用户创造内容、获得资源的新模式。

（三）以获取受众注意力为赢利途径

从产业运营的角度看，数字出版产业是注意力经济，是以获取受众的注意力，进而获得商业利益的经济形式。

人们对数字出版物的消费需要支出货币和时间上的双重成本，在物质越来越丰富的背景下，时间对于消费者来说越来越宝贵。为了节约时间成本，消费者需要从海量的信息中选择最重要、最有意义的信息，这种选择机制就是注意。心理学认为，注意是认识（包括感知、记忆、思维等）选择性的高度表现，其注意对象有高度的专一性。当各种信息进入我们的意识范围，我们关注其中特定的一条，然后决定是否采取行动。数字出版从有限的物质化信息生产桎梏中解放出来，在全新的数字化信息环境中运行，泛滥的信息给消费者的信息消费活动带来严重干扰，也消耗着消费者宝贵的注意力资源。如果内容不能成为消费者注意力所关注的对象，就会成为干扰消费者正常信息消费的"噪音"，其存在的价值就变为负值。所以，从根本上说，数字出版的价值实现方式和运营目标就是吸引并获得消费者的注意力。

最早提出注意力问题的是这样阐述的："信息需要消耗什么是非常显而易见的，它会消耗信息接受者的注意力。因此，过量的信息会导致注意力的贫乏。"这种观点被 IT 业和管理界形象地描述为"注意力经济"。最早正式提出"注意力经济"概念的是美国学者，认为当今社会是一个信息极大丰富甚至泛滥的社会，而互联网的出现，加快了这一进程。相对于过剩的信息，人们的注意力成为一种稀缺资源。Web 2.0 技术出现后，我国学者提出了"基于意义的注意力经济"，认为注意力不是一种被动的信息接受，而是一种主动的信息选择；用户根据自身框架所依据的意义进行信息选择。对于厂商来说，不再意味着用广告式推销来消解消费者的选择；相反，意味着要通过对话中的意义挖掘接近用户，使用户将注意力真正集中在自己的需求上。

作为一种注意力经济，能否获得受众的注意力资源就成为数字出版产业运营成败的关键。根据"注意力形成与对话循环"和"注意力取决于意义挖掘"的观点，在获取注意力上可以从三个方面努力：一是利用网络加强数字出版企业与用户之间的互动、跟踪、收集、分析用户的消费意图；二是从信息加工的观点来看待意义选择过程，用编码、解码的方法进行语形、语义和语用之间的转换，发掘用户潜意识领域、情感领域等的深层需求；三是利用符号传播、网络互动等方法，实现数字内容的交换，最终实现注意力从眼球到精神价值的交换。

（四）具有双边市场特征

相对于传统出版业来说，兴起于数字、网络技术基础上的数字出版产业的一个独特之处还在它具有双边市场的特征。

双边市场理论兴起不久，一般认为其形成的主要标志是 2004 年于法国图卢兹召开的，由国际产业经济研究所和政策研究中心联合主办的双边市场经济学会议。关于双边市场的定义，经济学家们各有不同的说法。Arm Strong 认为，两组参与者须要通过中间层或平台进行交易，而且一组参与者（最终用户）加入平台的收益取决于加入该平台的另一组参与者（最终用户）的数量，这样的市场称为双边市场。这一定义虽然没有获得研究界的普遍接受，但抓住了双边市场的三个基本要素（平台、买家、卖家）及它们之间的基本关系。双边市场一般具有三个特征：第一，有两个不同的消费者群，例如银行卡支付平台中的持卡人和商家，互联网上交易平台的买方和卖方；第二，两个消费者群之间有外部性；第三，存在一个中介平台，能够将两个用户群之间的外部性内部化，由于信息不畅、比较高的交易成本以及根本无法交易等问题，用户群依靠自己来内部化其外部性的困难往往比较大。

由于大众传媒业一般同时在广告和受众两个市场上运行，在两个市场中起到了桥梁或平台的作用，所以大众传媒业被认为是具有双边市场特征的产业之一。数字出版产业则除了一般传媒业在广告和受众两个市场上同时运行的模式外，还有一种更典型的双边市场模式，即在内容提供者、内容购买者两个市场上同时运行。

数字出版产业双边市场具有两个独特属性：

第一，数字出版企业联结着多种消费群体，包括内容提供方、受众、广告商等。数字出版企业开展经营活动，必须通过一定的网络平台向消费者提供产品和服务。这些消费者包括三个群体：一是内容提供方，包括作者、媒体或内容产品提供商。数字出版企业通过网络平台高效优质的服务和数量众多的受众，吸引大量的内容提供方参与；二是受众，数字出版平台上的内容产品质量越高，内容越丰富，受众越愿意到该平台上消费，获得的效用就越大；三是广告商，目前只有部分数字出版商开展广告经营业务，但对于采用免费阅读模式的平台来说，广告是主要的收入来源。所以，从内容平台的结构特征看，数字出版产业是一种典型的双边或多边市场型的平台经济。

第二，数字出版产业的双边市场存在着多边交互性。在数字出版产业中，由于存在三个不同的消费群体，这三个群体之间都存在交互性，所以数字出版产业的双边市场体现了"多边市场"的结构。受众对平台的需求主要体现在内容产品上，内容提供方在一定程度上决定了平台上的内容产品的数量和质量。内容产品的数量和质量不仅影响受众，还会直接影响广告商对广告的投放量，而广告量的多寡一方面会影响内容产品的定价水平，另一方面会影响内容提供方和受众的消费意愿。所以，对于数字出版产业的经营者说，一个重要的任务就是调节好三个消费群体的利益关系。

（五）以版权保护和管理为运行基础

"知识产权和版权是贸易信息时代的原料和基石"，对于数字出版产业的运行来说，版权保护和管理是重要前提和基础。经济学意义上的版权是一种财产权，是对知识、信息及技术成果进行排他性使用、支配的一种权利，其客体是财产权这一无形资产，而不是知识、信息及技术成果本身。信息和知识产品具有公共品属性，在消费上具有非竞争性和非排斥性的特点。相对于其他的信息和知识产品来说，以数字化、信息化存在和传输的数字出版内容具有更强的公共品属性；同时，数字出版内容的复制和传播的成本都接近零，这就决定了数字出版产业的运行对版权保护和管理的要求更高。

对数字出版产业的内容进行版权保护，其价值和意义在于它能激励社会有效率地配置和使用知识、信息资源。但在现实实践中，数字版权的保护面临着严峻的挑战。

目前，从发展中国家到发达国家，数字出版产业的各个环节，从作家创作到作品的加工、传播直至最终的消费等，侵犯版权的现象经常发生。其部分原因在于，在该产业运行的各个环节上，针对数字版权的盗版更加容易；此外，至少还有四个可能更重要的原因：①传统采用的利用法律手段保护版权的方法远远不够，数字版权的保护同时需要技术手段得以实现，但在信息技术飞速发展的背景下，通过技术手段筑起的版权壁垒很易于失效；②自网络诞生以来，普通消费者已经习惯了免费获取网络信息的方式，对数字出版内容缺乏版权意识；③更深层的因素在于，在学术研究甚至立法层面还存在版权保护所涉及的版权利益人与公众利益之间平衡问题的争论；④数字版权问题已经超出了传统以国家为单位进行立法保护的问题，成为全球性问题。或许，保护数字版权的技术和法律手段都不会臻于完美，甚至关于版权保护所引发的公共权益问题的争论将继续进行，但数字出版内容的创造者、生产者及其他版权利益相关方必须通过版权保护和管理才能达到赢利的目的，否则数字出版产业也行之不远。

作为脱胎于传统出版业又与其他大众传媒业日益融合的数字出版，在产业运作上虽仍打着传统出版业和传媒业的烙印，其自身的独特属性却越来越清晰地凸显出来。随着这些运作特点的彰显，数字出版产业的发展前景和方向将会越来越明朗。

第二节　数字出版产业创新体系构建

一、数字出版创新类型分析

"创新"就是建立一种新的生产函数，将生产要素和生产条件的新组合引入生产体系，目的是为了获取潜在的利润，包括五种情况：创造一种新的产品；采用一种新的生产方法；开辟一个新的市场；取得或控制原材料或半成品的一种新的来源；实现一种新的产业组织方式或企业重组。

数字出版不是简单地将纸质阅读转化为电子阅读，而是数字复合出版，是在生产、技术保障、专业人才、市场培育等多个环节进行创新和改革，是以数字化为前提，进行传播方式和传统阅读习惯的变革。

通过前面的分析我们发现，在数字出版中，不同的创新要素、不同的创新主体组合出不同的创新函数，下面我们就分析其中几种典型的创新类型：

（一）商业模式创新

作为一个以内容生产为基础的知识产业，数字出版产业为适应数字出版产品形态丰富、网络化传输等特征，获取尽可能多的收益，就必须创造出比传统出版更复杂的经营模式，也就是模式创新。

随着数字出版业的快速发展，除传统的内容供应商外，技术提供商、电信（广播电视）等网络运营商、阅读设备提供商、渠道开发商等力量相继进入数字出版领域，这不仅推动了传统出版产业链的价值延伸，还带来了新的经济增长点，随之形成了以单边市场、双边市场和多边市场为核心的不同的新的商业模式。

商业模式是企业创造价值、销售价值和传达价值的方式，是一种包含了一系列要素及其关系的概念性工具，用以阐明某个特定实体的商业逻辑。简言之，商业模式就是指企业为客户创造价值并获取恰当回报的方式。因此，数字出版商从客户那里获取收入的机制和方式是我们重点研究的内容。

1. 收费模式

（1）订购模式。订购是一种产品的收费方案，用户按照该方案为特定时间段的内容使用服务提供费用。这种模式在数据库类型的内容销售中很常见。书报刊等全文数据库的发行对象主要为机构团体用户，订购方式也以集团采购为主。这类数据库在订购时只能按全库、主题分库等订购，不能按单种期刊订购。在数据库的计费方面，针对用户的类型（高校/科研机构/公司企业等）、并发用户数、接入方式（国际访问/本地镜像/网上包库）等方面的不同，各种数据库所采取的订购和计价方案也有所不同。国外的数据库多采用网上包库的形式，因此每年须缴纳相对固定（每年有小幅上涨）的费用，获得所订购部分数据库的年度使用权。而国内数据库（如：CNKI、维普数据库等）则分为网上包库和本地镜像方式。其中本地镜像方式在初始订购时，往往须支付较大数额的数据回溯费用，而以后每年只需缴纳相对较少的年度数据更新费。

（2）付费模式。付费模式就是出版商向用户所需要的内容即时式地收取费用。目前应用广泛的方式是微支付。微支付是指在互联网上进行的一些小额的资金支付，如网站为用户提供的下载一篇文章、一段音乐、一个视频片段或试用版软件等，所涉及的金额很小，往往只要几分钱、几元钱或几十元钱。微支付的特点不仅在于交易额度小，分解用户的支付心理障碍，更在于针对性强，物有所值。

（3）分层布置模式。分层布置模式是出版商对同一内容的不同客户，根据他们对该内容的需求程度、性质及支付能力等因素进行分层管理，收取不同费用。CHEST 是由美国胸科医生学会主办的专业医学学术杂志，被世界胸科医学界公认为发行量最大、最有影响力的医学杂志，具有很高的学术权威性。它的机构用户遍布全球，从公益性的图书馆到商业性的医药公司各类都有。针对这些不同性质的用户，该刊在发行纸本期刊和在线期刊时，分了 5 个级别，分别收取不同的费用，如第一级收费最低，包括私营办公机构或诊所、住院医师培训计划；第五级收费最高，大概是第一级的 5 ~ 6 倍，包括院校图书馆、医学图书馆及附属医院、大型营利性组织等。

2. 广告支持模式

广告支持模式是大众媒体获取收益的最主要的传统途径之一，在数字环境下，优质的内容资源不仅可以吸引广告主的投入，更能以丰富灵活的表现形式满足广告主的各种需求。该模式以门户网站、搜索引擎为代表。门户网站从传统媒体购买内容，搜索引擎利用搜索技术集纳内容，然后两者都将内容免费提供给网民以换取人气和流量，再用人气和流量吸纳广告，广告收益是这类网站的主要收入来源。从某种意义上讲，搜索引擎网站并不是数字出版企业，只能算出版业的数字渠道。但是随着谷歌等网站将数字化的图书内容、音乐加入图书搜索频道和音乐频道，并且 Google Print 进一步将全球所有图书数字化之后，搜索引擎网站已经向数字内容服务商转变。在经营上，它们采取了一贯的用户免费使用、广告赢利的模式。谷歌对数字出版业务的介入，主要通过其"图书搜索"项目进行。谷歌图书搜索是一种图书内容的全文索引目录，读者在搜索结果中发现感兴趣的图书后，能够进行少量的图书内容浏览，如果想要买到全文书籍，可以通过在搜索结果页面上出现的出版社网站以及网上书店的链接方便地进行图书购买。谷歌搜索的图书主要有两个来源，一是从出版社获得；二是来自图书馆。目前谷歌从出版社已经拿出的可供全文检索的图书有 100 多万种，全球有 1 万多家出版社参与了这项图书搜索项目，我国也有 20 家出版社参与了该项计划。谷歌将出版社提供的图书通过扫描的方式放进自己的服务器内，读者进入图书网页后，就可以看到书中的一些页面。对出版社来说，利用这样的搜索引擎可以让更多的人浏览到自己所出的图书，发掘潜在读者，并延长图书销售周期和寿命。当然，考虑到版权问题和自身利益，出版社提供给谷歌的图书以专业书、非畅销书居多。谷歌介入数字出版的赢利模式是通过向读者提供图书的免费阅读而聚集人气，进而获得广告收益，并将广告收入的 50P 分给内容提供商。

3. 内容提供者支持模式

在学术研究出版领域，为了满足研究者和研究机构获得科学发现优先权或使研究观点快速、广泛传播的需求，出版商可以采用内容提供者支持的收费模式。施普林格在数字出版上的收入相当一部分就来自内容提供者。在 SpringerLink 平台上，作者可以选择自主付费出版模式进行在线优先出版或开放存取出版。

（1）在线优先出版模式。为了应对竞争，尽量缩短出版周期，施普林格采用在线优先出版的流程。在线优先出版实现了网络出版早于纸介质出版，使科技论文能在第一时间发表。在线优先出版等同于正式出版，也要经过同行评议。

（2）开放存取出版模式。施普林格是商业出版界中第一个认可并支持这种商业模式的出版企业。

（3）自助出版模式。自助出版即作者个人写书，自己编辑、印刷、发行、投资出版图书。自助出版服务的客户主要有两类：一类是只想出版少量图书的作者；另一类是有商业抱负的作者。出版商通过为这些作者提供服务收取报酬，所以其收入主要来自作者，只有少部分来自销售市场。

（二）组织创新

目前，数字出版企业可供选择的内部组织形态主要有以下几种。

1. 网络型结构。当前，国内企业化之后的出版集团、发行集团和知名出版社都已经建立了基于网络运营平台的母子公司制组织结构，有的实现 ERP 管理模式，有的实现物流战略联盟，有的实现连锁经营，特别是上市出版企业的网络组织结构更成熟一些。

中小出版社和公益性出版社的网络体系、组织机构及其职能尚不健全，需要予以足够重视。可以说，这些单位在传统渠道和传统组织结构方面没有大社的优势，而将网络型结构置入这些中小出版社可以实现营销渠道的放大和增值，促进了分工和专业化的发展，降低了交易成本，有助于优化资源配置，充分、有效地整合有限的生产要素。

2. 扁平型结构。方正科技集团一直是扁平化渠道策略的倡导者和实践者，从集团到最终用户之间只有一级渠道，主要通过全国的 7 个大区和 32 个区域公司直接对遍布全国的 1500 余家代理商以及 200 余家专卖店进行管理。由于这种组织结构形态渠道层级少，方正科技集团能掌握大量一手的客户动态，对客户需求能快速响应。数字出版部门的嵌入，如出版社网络信息中心、数字版权开发部、数字出版物选题策划与市场部等，可以极大地减少管理层次，增加管理幅度。这样就可以加快编辑出版速度，缩短周期，提高质量，更好地对人力资源予以组合和开发管理，有利于发挥职员的主动性和创造精神。

3. 信息控制型结构。将传统介质的内容扩展到各种数字化形式和渠道进行传播，是国际出版集团目前和长远规划的重点。荷兰沃尔特斯·克鲁维尔集团将其所有经营的产品和服务分为四类，即静态内容、动态内容、迅捷工具、定制解决方案。静态内容包括图书和散页读物；动态内容包括 CD-ROM 光盘、数据库产品以及在线产品；迅捷工具包括工作流程工具和配套应用工具；定制解决方案包括集成软件包和定制工作流程系统。通过对近几年不同种类产品的成长概率和利润增长率的分析，定制解决方案的成长速度非常迅速。另外，从介质来看，电子载体产品的增长速度为33%，而传统纸介质产品处于停滞状态，仅为1%。相较国际出版集团已逐渐成为一个从事信息资源价值链和产业链的连续存储和开发的信息集团，国内出版企业在产业链整合的同时，也应在组织结构的调整上，充分重视建设版权信息和出版信息的组织单元，从而将出版管理和组织机构置于信息控制过程中，这才会有利于出版产业的升级换代，有利于价值链和产业链的延长，有利于保护和开发传统出版社的版权资源。

4. 复合创新型结构。现代出版机构越来越体现为学习型组织，更是基于多学科、新技术、含创意的研发型结构。比如长江文艺出版社的北京图书中心，就是一个将市场触角伸到拥有最快捷、最丰富的选题资源的北京的新型组织。还有许多出版社在全国各地的分社、分公司以及与国外出版社驻中国办事处、民营出版社的合作开发，将文化工作室作为出版社的编外编辑机构等，都是出于选题的创意策划，借助网络技术而出现的新型机构。然而，团队合作精神和研发能力却是最重要的。研发部门的功能在于，创造编辑、产品、服务及单位组织的新能量。

以上所谈的四种数字出版企业组织形态模式，也同时反映出出版单位内部组织结构由低到高的提升顺序，较为容易的是网络型结构，有资金和技术就可以自建或加盟，而后三者需要组织内部的进一步消化、调试和创新，是对运行规则的调适、融合和完善的过程，在数字出版企业中常被运用。

据管理学者查尔斯·奥利莱和迈克尔·塔什曼的创新研究，发现企业有四种基本的创新组织方式：一种是在现有的职能型结构中进行创新业务，完全融入常规的组织和管理结构中；一种是成立跨职能团队，在既有的组织结构内运作，但不受现有的管理层管理；一种是采用无支持团队形式，脱离既有的组织和管理层，组建独立的业务单元；最后一种是在并联型组织中运作，即为创新业务设立独立的业务部门并构建自己的流程、结构和文化，但受现有的高管管理，简言之，就是两个业务部门（当前业务和创新业务），一套高管人马。

统计数据表明，在推进创新业务方面，并联型组织比其他组织结构方式的成功概率要大得多。

（三）技术创新

数字出版是建立在计算机技术、通信技术、网络技术、流媒体技术等高新技术基础上，融合传统出版内容而发展起来的新兴出版产业。技术创新一直是数字出版产业创新的基础。

许多学者从经济学角度出发给技术创新下定义，最具代表性的是弗里曼在其1982

年的著作中将技术创新定义为，包括与新产品的销售或新工艺、新设备的第一次商业性应用有关的技术、设计、制造、管理以及商业活动。

数字出版是新技术含量很高的新型出版，技术在出版链条中发挥着独特的作用。虽然技术是工具不是目的，但是技术手段往往制约着内容产品的价值作用和价值增值方式。所谓"内容为王"是有前提条件的，只有在一种新技术支持的新型生产业态达到成熟阶段之后，竞争的重点才会转向内容，内容能否适合读者，适合什么样的读者，才能成为胜败的关键。

国际电信联盟对媒介的定义有以下五种：感觉、表述、表现、存储、传输媒体。

1. 感觉媒体：声音、文字、图形和图像等，物质的质地、形状、温度等。

2. 表述媒体：为了加工感觉媒体而构造出来的一种媒体，如语音编码、图像编码等各种编码。

3. 表现媒体：感觉媒体与通信电信号进行转换的一种媒体。

4. 存储媒体：用于存放媒体的一类媒体，如硬盘、光盘等。

5. 传输媒体：用来将媒体从一处传送到另一处的物理传输介质，如各种通信电缆。

该组织对媒介定义主要从纯技术的角度去，这一定义对全面、系统地理解传播范畴的媒介，尤其是互联网、广播电视等电子媒介的概念具有一定的指导意义。因此，我们也可以把建立在数字媒体基础上的数字出版技术分为以下四类：数字出版编纂技术、数字出版表现技术、数字出版存储技术和数字出版传输技术。

另外，按照数字出版过程中技术所起的作用，我们还可以将数字出版技术分为以下两种，即基础性数字出版技术和服务性数字出版技术。

（1）基础性数字出版技术。这类技术采用了大量先进的信息技术和数据管理技术，因此在内容的编辑加工过程中，特别在编辑出版流程再造、大型工具书、教材编辑及科技类图书编辑、出版资源积累中，能提供大量的技术性支撑，从而使得传统出版产业完成出版规模工业化、出版过程精细化管理、出版工艺流程化控制、出版质量分量化管理，满足不断细分的小众市场和专业市场的产品需求，提升企业的市场竞争力。

（2）服务性数字出版技术。这类技术是信息技术在出版产业的重要应用之一。由于其构架在成熟的信息处理技术和计算机技术之上，因此在内容编辑加工环节中，其大规模快速处理和管理文稿数据的能力以及便利性地查找处理问题的能力，为编辑加工带来了全新的出版理念和技术手段，为出版物的质量提供了可靠的技术保障。

这些数字出版技术可以实现无限容量的编辑、存储、传输，大大降低了传统出版业所必须承担的生产与发行成本，从而可以在实现规模经济的基础上，通过多渠道和多终端开发更多的产品与服务，延伸产业链条进入更多的数字融合领域，实现各种形式的创新。

（四）产品创新

产品创新，是指技术上有变化的产品的商品化。它可以是完全新的产品，也可以是对现有产品的改进。因此，产品创新可以从产品整体概念出发，重点突出以下几方面的创新：

1. 产品品牌创新：一方面要根据时代的发展和竞争的变化对品牌的设计和使用加以更新；另一方面要根据企业的发展扩大品牌的知名度，争创全国名牌和国际名牌。

2. 产品品种、花色、样式创新：随着科技的迅速发展，产品生命周期日趋缩短，产品的流行色、流行式变化更快，因而企业必须不断加速产品的更新换代，适时推出新品种、新花色、新样式，以变应变。

3. 产品服务创新：服务是有形产品的延伸，能够给消费者带来更大的利益和更好的满足，因而越来越成为产品的一个重要组成部分。

正如美国营销学家李维特教授所言，未来竞争的关键，不在于企业能生产什么样的产品，而在于为产品提供什么样的附加价值：包装、服务、用户咨询、购买信贷、及时交货和人们以价值来衡量的一切东西。另外产品创新还要顺应国际大趋势，朝着多能化、多样化、微型化、简便化、健美化、舒适化、环保化、新奇化等方向发展，并注重实施产品陈旧化战略。

数字出版不仅大大丰富了人类获取信息的渠道和方式，而且改变了读者获取信息的时间、空间以及成本，这使得消费者被进一步细分为更多的子市场。因此，开发有针对性的产品，通过产业链延伸进入不同的消费者群体也是出版机构应对竞争环境变化的客观要求。

由于构架在信息技术上的数字内容产品不仅能为纸介质图书的出版提供先进的技术支持，而且其产生的数据可以在书、盘、网上共享，特别的还可支持三网合一（即手机、电视和广域网）环境下的产品发布和传播。因此，其产品的发行销售渠道比传统图书宽广了许多，赢利模式及推广模式也丰富了许多，产品的增值空间也大了许多，从而使得整个产业在一个全新的产业链中得到有效拓展和延伸。

数字出版的产品，其实质是符号性的知识和文化，从不同角度可以进行不同的分类。从满足的社会需求性质看，数字出版产品可分为娱乐性内容产品、教育性内容产品和学术性内容产品，以这三类为主要经营对象的产业部门可以分别称之为大众出版、教育出版和学术出版，这在基本形态上与传统出版业相似。实际上，数字出版中的大众性娱乐性产品远比传统出版所涉及的娱乐产品的涵盖面要广。

从生命周期角度看，数字出版产品也可分为三种：一种是畅销或热点性内容产品，该类内容往往与大众所普遍关心的话题相关，能在整个社会中迅速产生爆炸性影响，但随着社会风尚的更易和读者阅读口味的变化，它们会迅速失去价值；另一种是长尾产品；还有一种是具有一定持续性生命力的经典产品。三种内容产品各有一定的特点、受众面和赢利潜力。

数字出版企业在确定产品模式时，首先要考虑的是策划创造能满足受众需要的内容。这里的受众既可能是个体消费者，也可能是机构性用户。这就需要数字出版企业把产品的内容创建、集合置于首位，尽可能扩大内容规模，再通过多而全的产品吸引相应的用户。基于这种理念，目前，数字出版产品模式主要包括以下几种：

（1）用户体验模式：这种模式认为所有的内容产品都应该为客户提供一种独特和愉快的体验，而不仅仅是信息、知识或服务。这种理念的核心是体验。方正阿帕比就采用该模式，它将数字出版内容通过互联网、手机、手持阅读器、U 阅迷你书房、迷你数据库、触摸屏阅读机等渠道，以移动阅读或数字库查询阅读方式，为各种需求的读者提供直观快捷的阅读体验。再如"读览天下"网，不仅有优秀的设计页面和展示方式，重要的是它从用户需求出发，将互联网阅读、手机阅读的界限打通，让读者成为一个真正的内容专注者；在运营上不断追求高品质的内容呈现，同时将互联网和实体杂志、报纸等媒介消费的通路开放，让读者拥有更多选择空间。

（2）捆绑和购物车模式：捆绑意味着将很多不同类型的内容产品都放到一些有吸引力的网页或存储器中，这些产品可以来自不同地方、涉及不同领域，用户只需为捆绑的所有产品支付一次单独的费用。

购物车模式一般意味着用户只需一次支付就可获得尽可能多的同类产品。人们每月或每年支付一次固定的费用后就可以无限量地下载内容产品，这就是购物车模式的典型例子。例如，目前国内大多数面向机构用户的数据库，如 CNKI、重庆维普、龙源期刊网等，就采用这种模式。当下流行的手机报也广泛应用该模式。

二、数字出版创新体系模型构建

（一）数字出版创新的生命周期

产品生命周期理论是美国哈佛大学教授雷蒙德·弗农 1966 年首次提出的。产品生命周期是一个很重要的概念，它和企业制定产品策略以及营销策略有着直接的联系。管理者要想使他的产品有一个较长的销售周期，以便赚取足够的利润来补偿在推出该产品时所做出的一切努力和经受的一切风险，就必须认真研究和运用产品的生命周期理论。此外，产品生命周期也是营销人员用来描述产品和市场运作方法的有力工具。

任何产业都有一定的生命周期。产业生命周期是指产业出现直到完全退出市场经济体系的全过程，包括引入期、成长期、成熟期和衰退期。一个产业在生命周期的不同阶段表现出不同的特征。

1. 第一阶段为介绍（引入）期：指产品从设计投产直到投入市场进入测试阶段。新产品投入市场，便进入了介绍期。此时产品品种少，顾客对产品还不了解，除少数追求新奇的顾客外，几乎无人实际购买该产品。生产者为了扩大销路，不得不投入大量的促销费用，对产品进行宣传推广。该阶段由于生产技术方面的限制，产品生产批量小，制造成本高，广告费用大，产品销售价格偏高，销售量极为有限，企业通常不能获利，反而可能亏损。

2. 第二阶段为成长期：当产品进入引入期，销售取得成功之后，便进入了成长期。成长期是指产品通过试销效果良好，购买者逐渐接受该产品，产品在市场上站住脚并且打开了销路。这是需求增长阶段，需求量和销售额迅速上升。生产成本大幅度下降，利润迅速增长。与此同时，竞争者看到有利可图，将纷纷进入市场参与竞争，使同类产品供给量增加，价格随之下降，企业利润增长速度逐步减慢，最后达到生命周期利润的最高点。

3. 第三阶段为成熟期：指产品走入大批量生产并稳定地进入市场销售。经过成长期之后，随着购买产品的人数增多，市场需求趋于饱和。此时，产品普及并日趋标准化，成本低而产量大，销售增长速度缓慢直至转而下降。由于竞争的加剧，同类产品生产企业之间不得不在产品质量、花色、规格、包装服务等方面加大投入，在一定程度上增加了成本。

4. 第四阶段为衰退期：是指产品进入了淘汰阶段。随着科技的发展以及消费习惯的改变等原因，产品的销售量和利润持续下降，产品在市场上已经老化，不能适应市场需求，市场上已经有其他性能更好、价格更低的新产品，足以满足消费者的需求。此时成本较高的企业就会由于无利可图而陆续停止生产，该类产品的生命周期也就陆续结束，以致最后完全撤出市场。

数字出版产业的发展还远未成熟。数字出版产业从技术、经营到行业管理、消费者行为等方面还面临着许多尚待解决的问题，如尚未形成具备经济规模的商业模式，传统出版社的数字出版研发能力不足，数字内容资源的编校水平低，数字出版人才缺乏、培养机制乏力，数字内容的盗版问题严重，产业管理的体制机制滞后等。这些问题可以看成是当前制约我国数字出版产业更快发展的阻碍性因素，反观则是我国数字出版产业发展的巨大潜力。同时，由于数字出版丰富的内涵和外延，数字出版产业形态日益丰富多样，电子书、网络期刊、网络地图、网络游戏、网络音乐、网络教育产品、手机报、博客图书等数字出版产品不断涌现。这些不同类型、不同形态的数字出版产品也处于产品生命周期曲线不同的位置，不能一概而论。

相对而言，传统出版单位由于刚刚涉足数字出版，其所开发的数字出版产品也大多处于内容数字化阶段，还只是纸质内容的简单数字化，如光盘出版物、电子书等产品就属此类。因这类产品的创新程度较低，属传统出版向数字出版转型的过渡产品，故这类产品还处于产品生命周期的引入期，还需要在数字出版技术创新和产品创新上多下功夫。

相对于传统出版机构，一些网络媒体由于具有较为丰富的市场运作经验和较为雄厚的资金与技术，在数字出版创新过程中往往更为得心应手。他们更多地把创新的重点放在数字出版产品渠道与营销手段上，开发得较为典型的数字出版产品有网络期刊、手机报、博客图书等，这些产品无论是在内容、表现形式，还是传播渠道和营销手段方面，都具有一定的创新性，且发展速度较快，处于产品生命周期的成长期。

此外，还有一些数字出版机构，他们经过多年在数字出版领域的实践和创新，在专业和教育出版领域摸索出一些商业模式，也挖掘出许多具有良好赢利模式和市场前景的数字出版产品，如网络游戏和专业数据库出版等。这些数字出版产品是目前为数不多的处于赢利状况的产品，他们应处于产品生命周期的成熟期。

最后，还有一些产品，由于技术的普及和竞争对手的不断增加，产品的成本可压缩空间和利润空间都趋于零。同时由于技术实现和需求的关系已达到过饱和，在革命性的技术变革出现前，这些数字出版产品则更多地从体验创新上做文章，通过产品的设计、产品创造的情境以及产品所虚构意境让产品与用户产生共鸣，让用户产生难忘的体验，从而成为企业先发制胜的法宝。这类产品目前较为典型的有各种电子阅读器、平板电脑等。

通过上述对各类数字出版产品发展现状的考察，可以得出一个初步结论：我国的数字出版产业整体已走出引入期，跨进了快速发展的成长期；但不同类型和形态的数字出版产品，由于其创新程度和创新方式不同，还处于数字出版生命周期的不同阶段。因此，对数字出版创新体系的分析还需引入时间维度，根据不同产品形态和类型进行差异化分析。

（二）数字出版的创新程度

根据创新性大小，可以把创新分为根本型创新、适度创新和渐进型创新。

1. 根本型创新：是指引入一项新技术，从而产生一个新的市场基础。它包括宏观和微观层面上的不连续性。一个引起世界、产业和市场层面不连续性的创新必然引起一个企业或顾客层面的不连续型创新。如果一个产业是由一项根本型创新引起的，例如万维网，那么这种创新必然会产生新企业和新顾客。

根本型创新并不是为了满足已知的需求，而是创造一种尚未被消费者认知的需求。这种新需求会产生一系列的新产业、新竞争者、新企业、新的分销渠道和新的市场活动。在 20 世纪 70 年代，很多家庭都很难想象为什么他们需要家用电脑，而如今有上百亿美元的市场是面对这些顾客的。根本型新技术就像是一种促使新市场或新产业产生的催化剂。

2. 适度型创新：适度创新是"由公司的原有产品线组成，但产品并不是创新性的，即市场对于它并不陌生，它只是企业当前产品线上的新产品"。我们称这种适度创新产品为适度创新。在宏观层面上，一个适度产品将带来市场或技术的中断，但并不会同时带来两者的中断（如果两者同时发生，这将成为一种根本型创新，而如果两者都没发生，那将是一种渐进型创新）。从微观层面上，市场中断和技术中断的任何组合都会发生在企业中。适度创新很容易识别，它的标准是在市场或技术宏观层面上发生中断，并且这个中断是轻微程度上的。它们能够演变成新的产品线（例如索尼的随身听），基于新技术扩张原有的产品线（例如佳能的激光打印机）或现有技术的新市场（例如早期的传真机）。

（三）三种维度下的数字出版创新体系模型

1. 数字出版创新体系研究及其意义

运用系统方法研究产业创新并首次提出国家创新系统的是英国经济学家于 20 世纪 80 年代提出"国家创新系统"理论，终于构筑起一座辉煌的创新经济学大厦，开始形成系统的创新理论。产业创新是一个系统概念，系统因素是产业创新的成功决定因素，产业创新主要包括技术创新、产品创新、流程创新、管理创新和市场创新。

随后，一些学者在国家创新系统和技术系统研究的基础上，结合演化论和学习理论，提出了产业创新系统概念，认为"产业创新系统可被定义为开发、制造产业产品和产生、利用产业技术的公司活动的系统集合"。有的学者进一步发展和深化了产业创新系统理论，从知识和技术领域、行为者和网络、制度三个维度进行分析，认为在一个产业创新系统的框架中，创新可以被看作包含在众多行为者当中，以创造和交换与创新有关的知识及其商业化为目的的一种系统性交互作用过程，并认为是不断变化的。同时，又进一步将构成产业创新系统的要素划分为企业、其他参与者、网络、需求、制度、知识基础和技术特性六个部分。

我国对产业创新系统的研究则始于1999年，并主要从理论探讨、特色产业的实证分析角度进行了研究。目前以清华大学、浙江大学、中国科学院等研究机构为主的国内理论界主要将研究的重点集中在国家创新体系、区域创新体系和企业创新体系层面，而对产业创新体系的研究还处于起步阶段。虽然对产业创新体系的内涵、特征、动力已有少量研究成果，一些学者也尝试构建产业创新系统的模型，对其结构、功能和运行机制进行了分析，但对产业创新系统的内在机理的研究还很少，产业创新的理论体系还远没有形成。而且不同产业有着不同的技术特性和创新特点，一个产业如何通过技术创新系统建设来实现产业技术升级仍有大量理论和实践问题需要探究。

在经济全球化和市场激烈竞争的冲击下，出版产业也正在经历创新资源的重组和创新方式的变革，在内容形式、服务平台、技术手段、传播手段等方面进行创新，深刻地影响着出版企业运行机制的改革。伴随经济发展和产业结构演进，必然会出现以数字出版为典型代表的出版产业创新模式和创新系统。目前，对出版产业，特别是数字出版产业创新的研究刚起步，没有形成一个完整的产业创新定义和理论框架。

创新过程是一个社会经济现象，它并不是在一个企业内孤立地进行的，而是在企业与其他组织和个人（包括供应商、用户、竞争者等其他企业和个人，以及大学、研究机构、政府部门等非企业组织）的合作和相互影响中完成的。同时，制度，如法律、规则、规范和惯例等构成企业创新的激励和障碍因素，对系统内的各类组织的行为产生影响。这些组织和制度组织了一个创造和商业化知识的系统，创新正是在这个系统内产生、扩散和使用的。

经济全球化和市场激烈竞争的冲击，深刻地影响着出版企业运行机制的改革。以提供出版物产品和知识服务为主要特征的数字出版产业已成为当今出版产业科技与经济结合过程中发展最快、最活跃的领域。数字出版产业创新系统的研究也因此具有一定的理论和实践意义。

2. 数字出版产业创新系统模型的构建

产业创新系统是以企业活动为中心，以知识发展为基础，以市场需求为动力，以政策调控为导向，以良好的国内外环境为保障，以创新性技术供给为核心，以实现特定产业创新为目标的网络体系。

数字出版创新体系是一个系统，它是不同的创新主体，创新要素所构成的创造和商业化数字内容的系统函数，应该从不同维度和视角来分析这个系统。在本书的前面，我们已梳理了数字出版产业创新的要素、创新主体以及不同的创新类型，对数字出版产业创新组成有了一个大致的了解。

第三节　数字出版创新模式及特征研究

一、数字出版创新模式

在创新过程中，数字出版企业表现出创新主体、创新形式、创新过程上的差异化特点。我们通过典型企业的主要创新要素及其创新形式的分析，提炼出数字出版产业创新网络及创新主体的表现形态。

从上述创新要素的分布分析中可以看出，创新要素分布是有差异的，为了更加直观的进行表述，我们通过简单的赋值归一化处理。

内容提供商在产品创新上更加凸显，是传统出版单位将自有品牌资源产品成功实现数字化转型的代表；内容运营商在服务创新和渠道及运营创新上表现更为突出，他们采用一系列信息技术为用户提供多样化的增值服务，并利用全媒体整合营销实现了跨媒体、跨平台、跨界的同一内容同一时间、不同渠道不同载体的产品传播；技术服务商充分利用自己强大的技术背景，在技术创新上处于领先地位；终端设备提供商重视体验创新，凭借其良好的终端向数字出版产业链上游推进。

二、数字出版产业的特征

数字出版与传统出版相比，在内容产品、市场消费、产业形态、商业规则等方面呈现出革命性创新特征。

信息技术在数字出版领域的应用不断向广度、深度以及快速推进，内容的数字化生产方式正在悄然发生，出现创造主体、创造方式的变化。

（一）数字内容创造方式不断创新

信息技术在数字出版领域的应用不断向广度、深度以及快速推进，为内容信息的创造、共享和交流提供了肥沃的土壤，数字出版内容的内涵、形式和创造过程发生了根本性变化。

1. 内容边界不断拓宽

数字表达、存储和传播技术使文字、图像、影像、语音等原来以不同表现形式和载体表达的内容要素得到统一。互联网、有线电视网、电信网"三网融合"的趋势也使得电子书刊、电视、移动内容、网络信息等以所属行业和传播方式相区分的数字内容趋于统一。数字出版的边界不断拓宽，融合了移动内容、互联网、游戏、动漫、影视等几乎所有数字内容。

2. 内容创造主体多元化

完全平等、自由的互联网平台使得每个人都有平等的机会成为内容创造者，自助出版系统、按需印刷等技术也使"出版"的门槛大为降低。数字内容的融合使得出版、传媒、信息技术、服务等相互渗透，充分竞争，事实上改变了以行业资质区分"出版"主体的传统。同时，互联网和网络应用技术的发展使得大规模协作创造内容成为可能，也彻底颠覆了以个体或团队创造为主的传统内容创造方式。维基百科就是一个成功的范例，在这个自由、免费、内容开放的百科全书协作计划中，任何人都可以编辑任何文章及条目，短短数年维基百科的条目已超过《大不列颠百科全书》十数倍，且每时每刻仍在动态更新中。

3. 内容组织方式非线性

超文本的发明使得内容组织方式实现了从顺序方式到非顺序方式的跨越，也使得内容表达从过程式组织转化为结构型乃至主题驱动型组织。这一改变不仅适应了人类非线性、跳跃性、联想式的记忆思维特点，使相互关联的信息能以网状的结构记忆存储及搜索再现，而且建立了超出文本层面的语言层次和信息结构，极大地方便了信息搜索以及个性化的内容再组织。

4. 内容表现形式丰富多样

互联网和多媒体技术使得单向、平面、静止的内容表现形式向交互、立体、跨媒体乃至多线索方向转变。互联网可以使得读者和作者实时沟通，立体化、跨媒体的文本、声音、视频等多种方式可以最大限度地满足特定内容的表达需求，在动漫、游戏等应用中的内容通常由角色或事件等多线索驱动。同时，网络应用技术的发展不断地创造着新的内容形式，如博客这种新的表现形式充分展现了自由发表、个性化写作、双向互动、跨媒体表达、超文本组织和随时更新等特性，成为彻底挑战传统出版的典型事例。

（二）数字内容消费方式不断创新

数字出版内容范围的拓展以及表现方式的转变将传统的读者、观众、网民转变成广义的"内容消费者"，搜索技术的发展开辟了个性化内容需求的广阔市场。在在线阅读和海量信息迎合"浅阅读"趋势的同时，数据挖掘、知识发现等技术使得内容消费提升为高层次的知识消费——从未有过的"深阅读"乃至"创造性阅读"成为可能。伴随电子技术的发展而诞生的各种消费终端也使得消费体验呈现移动、个性化、跨媒体的特点。

1. 深浅阅读方式两极分化

现代搜索技术的发展使得消费方式由单纯的被动阅读向目的导向、问题驱动的主动搜索转变，超文本技术和内容聚合技术使以特定阅读兴趣为目的的内容定制和推送成为现实。借助数据挖掘、数据仓库、语义网络等技术，读者可以从数据库或文本中发现隐性的知识和规律，实现"深阅读"。如通过文本挖掘技术可以实现文本总结、信息抽取、文本分类、文本压缩乃至关联规则提取等，此时内容消费转变为知识消费。此外，数码印刷技术使得按需印刷逐渐兴起，兼顾个性化需求和低成本制造、传播的大规模定制成为可能。消费方式呈现出高效率、个性化的特点，并向内容"浅阅读"以及"知识深消费"两方面发展。

2. 阅读载体呈现移动化多样化

随着电子、通信和网络技术的发展，内容消费的载体由纸质媒体扩展到电脑屏幕、视听终端、手机、掌上电脑、配备电子纸的专用阅读器乃至 MP3、GPS 导航仪、PSP 游戏机等任何可显示内容的设备上，内容消费变得无处不在。同时，阅读终端已经远远超出了内容载体的概念，围绕阅读终端产生的客户应用体验、社群网络、内容交互性等其他配套服务成为用户消费的重要组成部分。如汉王、亚马逊等公司推出电子书产品，人体工学设计和电子墨水技术使其持握感和阅读感逼近真正的印刷书籍，数百本书的存储量和随时在线、完全免费的网络服务使其具备传统书籍无法比拟的优势。亚马逊公司甚至提出以此"改变人类阅读方式"。

3. 免费消费颠覆收费模式

互联网的发展使得"分享"乃至"免费"的观念在消费者中根深蒂固，诸如免费的电子邮件、网络空间服务，免费的新闻、阅读，免费的搜索工具和软件服务，等等。免费或共享模式在相当程度上成为互联网的潜规则和互联网经济的基础。建立在对普通用户免费基础上的众多成功的商业模式更助长了这一趋势。免费和共享的消费习惯使得直接依靠内容收费的模式不再成为主流，数字化在线服务的成本如此之低，以至于只要有 1P 的用户为特定需求付费就能支撑 99P 的免费用户的成本。而海量的数字资源和日趋成熟的内容搜索乃至知识发现技术，激活了潜在的个性化消费市场，使面向特定用户个性化需求的信息服务成为可能。除了在线付费阅读外，通过广告、专业咨询、增值服务以及依靠数字资源与软件应用提供专业信息解决方案等新的赢利模式都取得了很大的成功。

（三）数字出版产业形态不断创新

1. 数字出版企业组织形态呈大小两极分化

科斯定理指出，一家企业会持续扩张直到企业内部组织交易的成本超过外部市场的交易成本。因此，在传统内容产业中，大多数企业倾向于在企业内部拥有尽可能多的功能，故出现了众多打通内容生产、集成、发布产业链的"大而全"的集团。互联网的出现使得将不同产品和过程协调在一起的所谓外部"交易成本"急剧降低，横跨产业链的垂直整合和横向跨媒体并购优势不再明显，企业形态出现了向专业化的"大而专"发展和专注细分市场"轻而专"发展的趋势。20世纪90年代后期，美国传媒业掀起了试图打通内容生产、集成、发布整条产业链的垂直整合的并购浪潮，产生了所谓"跨媒体时代""大传媒时代"。而近年来，几大传媒集团的并购则以专业化和集约化为导向，如励德·爱思唯尔计划抛售旗下以广告和会展为基础的传统出版传媒业务，集中发展增长更快的信息服务业务；汤姆森集团已将以教育出版为主的汤姆森学习集团售出，集中发展以专业出版为主的数字化产品。

2. 数字出版产业链各方竞争激烈

随着数字内容的融合、行业边界的模糊和信息的充分共享，以信息、资源不对称和行业分割为基础的产业链不可避免地被彻底打破，以著作权人、内容提供商、内容（信息）服务商、技术（设备）提供商、平台运营商、内容消费者为基础的新的产业链正在形成。传统格局被打破，产业链的每一个环节都面临新的竞争。IT、出版、传媒、服务等力量激烈争夺产业链的有利位置，如传统的技术提供商IT企业正力图强势进入并主导内容提供和服务环节；而传统的服务商如亚马逊书店试图通过终端设备Kindle主导内容、服务、消费的整个产业链；汤姆森、爱思唯尔等国外出版集团大举进军高附加值的信息服务环节；中国移动等平台运营商也凭借平台优势进军内容提供和服务领域。同时，价值链发生变化，面向个性需求的信息服务成为价值链的高端，并成为各方争夺的制高点。

（四）数字出版商业模式不断创新

互联网的应用导致信息的充分公开，交易成本的急剧下降，存储、渠道资源的无限扩展和消费者选择范围的无限扩大，动摇了以资源稀缺为前提的传统商业规则，并改变了企业的商业模式，主要的商业模式有以下几种：

1. 基于逆二八定律的长尾模式

传统产业中由于资源的限制，人们一直用"二八定律"来界定计算投入和产出的效率，即20%少数主流的对象可以造成80%重要的影响。互联网时代，海量的存储空间、充足的带宽、免费的传输成本和日益发展的搜索技术使得从资源短缺的时代进入了资源富足的时代。人们有可能以很低的成本关注任何以前看似需求极低的产品，只要存储和流通的渠道足够大，需求不旺或销量不佳的产品共同占据的市场份额就可以和那些数量不多的畅销品所占据的市场份额相匹敌，甚至更大。因此，商业和文化的未来不在于传统需求曲线上那个代表畅销商品的头部，而是那条代表冷门商品经常被人遗忘的长尾。真正的个性化市场浮出水面，一套崭新的商业模式也跟着崛起。

2. 基于马太效应的"只有第一"模式

由于信息的充分共享和扩张的边际成本趋向于零，占据竞争优势的企业可以迅速地获得市场的承认并占据有利地位，并以极低的成本将自己的领先优势扩大，从而形成"赢者通吃"的结果。在数字出版领域，行业领先者占据了绝对的优势，形成"只有第一，没有第二的"格局。同时，信息时代也给新兴企业提供了迅速追赶的机遇，其原因在于迅猛的技术革命很可能使得领先者的优势瞬间消失，把握机遇的追赶者也存在十分明显的后发优势。

3. 基于大规模定制的个性化消费模式

个性化消费模式是指以大规模生产的成本和速度，为单个客户或小批量、多品种的市场定制生产任意数量的产品。传统制造业的发展一般都经历了原始的手工制造、节约成本的大规模生产阶段以及兼顾成本和个性需求的大规模定制阶段。由于个性化内容需求难以掌握及以大批量印刷为起点的传统印刷技术的限制，传统内容产业只能采用大规模生产的方式。信息技术和数码印刷技术使得掌握个性化需求并降低小规模生产成本的大规模定制成为现实。

综上所述，数字出版的浪潮给出版业带来了深刻的革命，也使传统出版业面临着前所未有的挑战。传统出版业固有的领地已被IT、传媒等力量逐步渗透，而由于资金、人才、技术的先天劣势，出版业在新兴内容领域拓展的力量也明显不足，其唯一出路在于顺应发展的潮流，发挥自身优势，逐步向数字出版转型，实现从内容、产业形态到商业模式的创新。

第四节　数字出版产业创新发展策略及政策建议

一、数字出版产业创新发展策略

每个数字出版企业都应选择适合自身特点的创新方式，只有坚持创新，与时俱进，才能实现可持续发展。

（一）完善产业链各环节，明确分工与合作

1. 强化各环节关联企业的诚信建设。从目前的情况来看，一部分关联企业缺乏自律，在版权保护、市场准入等方面存在着诚信问题，因此必须建立有效的奖惩制度，对于破坏整个产业链畅通的行为给予严厉惩罚，保护产业链各方的利益。

2. 各环节必须明确自身的角色定位，分工协作。明确规定各环节的权责，防止功能交叉，专注于各自核心业务的开发。对在采集创意和制作集成阶段具有优势的传统出版商来说，应坚持以其生产和组织优质内容的能力为核心竞争力，同时根据数字时代的读者群、阅读需求、阅读方式、消费模式等特点对内容进行数字化编辑；对在新兴的传输与分销阶段崭露头角的平台运营商来说，应积极整合内容资源，同时拓展营销渠道，通过线上线下联动、全媒体运作等方式在平台上提供多种增值服务；对在终端呈现阶段占优势的终端运营商来说，应在手机等普及率高、顺应阅读趋势的终端大力开展数字出版业务，并实现与各种网络有效的对接。无论是内容提供商还是技术服务商，都应该根据自身优势进一步巩固在该环节中的核心竞争力，以防由于"通吃"导致主要业务弱化的情况，以及同质竞争引起的资源浪费现象。

3. 建立统一的协作平台，加强各环节间的交流，实现数字出版产业链各环节信息的无缝对接。目前我国数字出版产业链缺乏统一的协作平台，各环节出于自身利益考虑扮演多种角色，同质竞争严重，整条产业链不协调，效率不高。因此，应利用统一的协作平台，一方面加强渠道整合，就是要从纵向角度打通产业链中的不畅通环节；另一方面加强横向合作，加强出版企业之间的合作，实现资源共享，优势互补，建立信息共享机制，提高出版企业在整个产业链中的竞争力。

4. 成立产业战略联盟组织，建立合理的利益共享机制，提高各环节协同合作的动力，实现利益的合理分配。企业之间建立稳定的数字出版战略联盟有利于实现资源的合理配置，提高产业链的整体效率。

5. 数字出版产业需要有一个主导力量，随时对出版产业链的运行状况进行评估，

根据实际情况对产业链结构进行合理的调整。这个力量可以由各环节共同成立统一组织，也可以由产业链中的强势企业来担任。

只有在企业群落内形成合理的从内容到平台到终端的完整产业链，才能发挥整体优势，保持良好的产业生态，这就要求数字出版产业链上的各环节各司其长。

（二）调整企业运行和管理机制

经营数字出版就要遵守企业的游戏规则，采用与企业相类似的管理方法。对于出版社来说，需要全新的运行机制和管理模式。从出版机构微观角度说，数字出版技术含量高，市场前景虽然较好，但风险也较大。出版单位应利用数字出版的契机，做生产关系上的调整改革。可采取成立专门的数字出版与运作的公司的方式，引入社会资本，特别是企业的资本，由出版机构控股，对管理层和技术骨干可以采取持股或许以期权的方式，充分吸引既懂出版又懂数字技术的复合型技术开发和管理人才。

1. 优化数字出版企业组织结构的策略

出版单位组织结构变革必须遵循提升核心业务、发挥资源优势、瘦身传统营销、增强竞争力等基本原则。目前，出版单位在组织结构上主要有以下两种形式。

（1）出版单位成立专门的数字出版与运作的公司，引入社会资本，特别是企业的资本，由出版机构控股。例如，由中国出版集团公司投资组建的中国出版集团数字传媒有限公司，就是通过增资扩股，吸收集团各成员单位和出版发行界以及其他社会界的投资，其中心工作是本着"共建、共享、共赢"的理念，聚合全国的出版发行资源，搭建中国数字出版网。

（2）出版单位成立数字出版相关部门，并将其置于单位内部主体结构。出版社应该把更多的资源放在内容的提供及可开发的数字化产品形式上，向上游内容开发集中，向终端网络客户服务集中，向数字化专业队伍培养集中。同时，对非内容创造与非信息服务部门进行瘦身和外包，如传统营销、传统印刷等。目前，至少重点建设这样三个部门。

①数字出版物选题策划部：数字出版的选题策划具有许多新的特点，与传统出版物选题有很大不同。首先是数字出版物选题可以选择更多的新卖点；其次是小众化、专业化、个性化选题受到重视；再次是可以依据选题内容来选择适合它的表现形式。在复杂性程度上，数字出版选题足以超越传统选题方式，在管理部门归口上，也可以兼并传统纸质的图书选题领域。

②数字版权开发部：以资本和技术为先行的电信产业运营商、网游企业、数字出版平台的技术型企业对版权的争夺大面积展开，以盛大为代表，它们大规模吸纳、收

编作者，成立版权机构。从此，传统出版社对于内容资源的优势不再。为了长远利益，传统出版社必须增强自主版权的保护和开发，探索出版资源，挖掘与控制新模式，主动转化数字出版权。

③数字技术开发和信息部：目前，数字出版技术系统和装备系统需要加大研发和创新，数字出版行业标准、数字出版物格式、数字出版防伪加密、数字版权保护等技术问题，也都需要采取相应的措施解决。所以，整合技术平台，解决数字技术问题，是发展数字出版的前提条件。当前，传统出版企业对数字出版仍缺乏足够认识，自主研发能力不够，尚未形成业界普遍认同的商业模式。要通过政策引导和重大项目实施，推动传统出版业数字化转型，加快技术创新体系建设，增强企业研发能力。出版单位的内容资源、作者资源、选题资源、版权资源和人力资源等信息资源是其核心竞争力，因此应该与技术研发同步进行。

综上所述，出版单位内部的机构重置和结构优化是出版单位发展数字出版的体制保障。对于中小出版社来说，比出版技术本身更重要的是建设网络型结构，还需要区域性或国家性的网络出版平台提供公共出版服务；出版集团要积极提升组织结构为复合研发型，转型为区域性和全国性出版平台，辐射其他中小出版社。出版单位内部的组织结构变革必须围绕提升核心业务、发挥资源优势、瘦身传统营销、增强竞争力等核心主题来展开。

2. 加快培养企业数字出版人才的策略

数字出版产业的创新发展离不开人才建设，数字出版在技术要求、知识结构、产品形态、出版流程、市场营销、销售渠道等许多方面都不同于传统出版，需要兼具多种知识和技能的复合型人才。但目前我国的数字出版发展中一个突出问题是对传统出版流程和数字技术及经营管理都比较精通的复合型人才极度匮乏，更多的是单一型人才，要么精通计算机技术，要么只懂出版专业方面知识。复合型人才的缺乏严重制约了传统出版单位向数字出版的转型。

因此，在传统图书出版单位、数字新媒体企业如何培养一批懂开发、会管理、善赢利的复合型出版人才队伍，成为推动数字出版发展的关键环节。

（1）对于传统出版单位，要洞悉社会趋势的变化，加大培养人才的力度，更新人力资源结构。

首先，要在实践中培养一支双栖专业人才队伍。除了要具备传统编辑出版流程的核心能力，还必须具备创新的思维模式和娴熟的网络编辑能力、信息检索能力以及新媒体运营能力等计算机与网络应用能力，在数字产品研发上能和技术人员对话，解决实际问题。其次，要大力引进数字技术人才，并不断培养自己的数字产品研发人才，在精通数字技术的基础上，了解编辑出版理论，逐步提高数字产品的自主研发能力。最后，要改变过去单一培训模式，注重培养复合型高端人才。对原有掌握丰富的从业经验和专业知识的编辑、发行等人才重新培训，对其知识结构进行再补充和完善，力争培养出版界高端人才。

（2）对于数字新媒体企业，要尽快与出版接轨，就必须构建自身的数字出版编辑队伍，建设资源数据库，搭建数字内容整合平台，从而提升其数字产品的内在价值。

首先，是引进数字出版编辑人才。数字出版编辑承担着传统编辑、技术开发、管理人员等多项职责，构成了数字出版的主体，承载着数字出版的重任，是数字出版产品生产的中坚力量。此外，还要注重培养熟悉技术研发和经营管理的复合型数字出版人才。随着数字出版市场逐渐成熟，电子报纸、电子期刊、网络文学、网络数据库、手机报纸、手机期刊、手机小说等新型数字出版产品将得到大发展，拥有数字多媒体开发和应用技术型人才是发展数字出版的必要条件，但掌握出版编辑以及图书经营管理方面的知识，了解消费市场需求，研发适应市场需求的数字出版营销人员也同样重要。因此，数字出版企业应注重培养熟悉数字化出版流程、了解应用技术开发和经营管理的复合型人才。

（3）数字出版企业要充分利用高校教学和实践资源，发挥国家数字出版基地、网游动漫基地的优势，将企业数字出版人才培养、培训与高校数字出版人才实训以及国家新媒体产业基地建设有机地结合起来，和高校一起联合培养数字出版人才。

3. 构建数字出版企业创新激励机制的策略

由于创新活动需要调动人的创造力和积极性，其主体因素的活跃程度至关重要，所以相应的激励机制对于提高数字出版企业创新活动的水平和实现创新发展十分必要。

由于行业发展特点，目前我国数字出版业基本上侧重于内部人才的锻炼与培养，而出色的激励机制则可以结合创新目标制定岗位标准与技术规范，有计划地进行相关岗位人员的技术培训，促进岗位绩效监控与管理水平的提高，在促进创新成果涌现的同时，能有力地识别、挖掘、培养、鼓励一大批创新人才的成长与提升；此外，数字出版创新激励机制可以刷新人力资源管理的工作理念、技术、方式，赋予人力资源管理新的时代内涵，带动人力资源管理机制、运作流程的自我革新和重构调整，全面强化其适应数字出版环境要求的能力，进而提高对数字出版创新活动的保障水平和服务能力。

数字出版创新激励手段要求充分利用数字出版环境的特点和技术优势，除了沿用传统的激励措施如薪酬奖励、职务提升、标杆管理、培训激励等以外，还需要尝试运用一些新型激励措施和策略。

（1）虚拟奖励制度。国内人气论坛 MOP 采取 MP 激励的赏金猎人制度，聚集了无数网民的眼球，表明网络货币、虚拟威望能给人们带来很大的快乐感、成就感和幸福感，因此虚拟利益激励手段可以用于提高员工的士气，如美国施乐公司的在线投稿系统便是以虚拟威望奖赏制度来激发员工们的网络投稿热情。

（2）网络学习交流激励机制。网络无时空限制、信息传递迅速的性能构筑了强大的交流渠道，可以利用其优势，设计出新型的沟通与学习平台。

（3）数字出版技术入股激励制度。在物质利益上保证创新主体收益最大化的原则是实现技术资本化、资本人格化、分配细分化，其集中表现为技术入股和无形资产量化折算分配。要切实加强数字出版自主知识产权业务品牌的开发应用，提高相关自主研发创新能力，而引入技术入股模式来保证创新主体的剩余索取权和收益分配权无疑是有益的尝试，这其中不乏成功的先行者。例如博瑞传播公司创新手段与技术股权分配激励方案和 MBO 计划实施后，其数字出版创新活动成绩斐然；美国汤普森出版集团推行教育出版数字化技术创新入股模式，大大地激发了员工的积极性，使其教育出版数字化创新产品和服务不断涌现。

（4）数字出版创新文化导向的个性激励管理体系。代表共同价值观和集体思想形态的企业文化对员工的情感和思维具有参考群体性的辐射作用，数字出版创新文化氛围的形成有利于出版工作者培养创新意识和研发兴趣。由于数字出版较之传统出版创新的难度高、范围广、力度大，且对其创新质量和速率要求高——创意理念更新要快，创新主体的才气、灵感和激情个性化色彩浓厚，因此需要建立以创新文化为导向的个性、动态、灵活的激励管理体系。

（三）优化企业运营模式，提高服务能力

1. 满足消费者的全方位需要

用户的需求是数字出版商业模式成功与否的关键因素。面对网络时代的用户，不能拘泥于传统出版的思维，要充分利用网络和技术的优势，来满足读者的各种需求。同时，数字出版作为高度创造性的服务，在很大程度上不是满足用户已有的需求，而是创造尚不存在或是潜在的需求。所以，数字出版更贴切的定义是基于网络和新媒体的长尾服务。从产品跃升到服务，数字出版企业需要迎接的不仅是思路的改变，更是对内容资源的细致思考和创新性的服务平台架构，运营模式的改变要实现从单一的内容提供商向资源服务商的转型。

以出版社为例，从产品最初的选题策划起始，就应该增加产品线的长度，把某一选题开发成符合多种媒体的产品。这就要求内容提供商要以终端用户为核心，对用户

需求进行市场分析，结合出版社的自身优势进行市场细分、目标市场选择、市场定位，以满足终端用户量产个性化的需求。从这个意义上说，出版社不仅仅是内容提供商，更应该是提供内容、加工内容、创新内容的信息资源服务商。

2. 向专业化细分定制方向发展

数字出版企业承担着为读者服务的任务，这就要求其必须在数字平台上细分各种不同的市场，提供专业化、个性化程度很高的数字服务，这样才能使其提供的服务一方面满足大规模定制的要求，另一方面又能满足消费者不同的个性化需求，同时避免严重的同质化竞争情况，提高其在市场上的竞争力。为此，数字出版企业一是要根据自身的优势清晰地界定自己的目标市场，分析自己能够为目标读者提供什么样的资讯和服务；二是要选择自己的优势领域。国外数字出版的成功案例几乎都是在一个细分领域经营的，随着我国出版业专业化细分程度的提升，出版企业也应在细分的专业领域或已有优势的领域里整合内容资源。

3. 不断创新商业模式

一个成功的商业模式不一定是在技术上的突破，而是对某一个环节的改造，或是对原有模式的重组、创新甚至对整个游戏规则的颠覆。商业模式的创新形式贯穿于企业经营的整个过程之中，贯穿于企业资源开发研发模式、制造方式、营销体系、市场流通等各个环节，也就是说，在企业经营的每一个环节上的创新都可能变成一种成功的商业模式。

现阶段数字出版商业模式的创新可以有以下几种实现途径：一是将数字内容与阅读器捆绑，通过阅读器的出售实现数字内容价值的增值，培养读者的数字阅读习惯；二是借鉴报纸期刊与广告合作的成功经验，在现阶段读者付费阅读意识较为薄弱的时期通过广告收入或用户区分迂回实现价值；三是积极与移动运营商合作，提供更为个性化的服务，建立读者的个人数字图书馆，从过去的"多人一书"向"一人一书"转变，实现数字出版个性化服务的优点。

4. 注重内容资源的集约整合能力

信息时代内容为王，谁掌握了内容，谁就是胜者。但随着数字技术和网络的发展，内容为王有了更深层的含义，谁的内容资源具有更强大的集约整合能力，谁才有更大的市场控制力。近年来，互联网正走向数据的结构化时代，在不久的未来，数字出版内容也必然由高度结构化的数据服务组成。所以，数字出版企业要抓紧完成已有资源的数字化和结构化，实现内容资产的有效管理，通过对内容所涉及的版权进行合理的保护使内容资源库持续地发挥各种潜在的应用服务的价值。另外，还要根据自身的专业出版优势着手建设各种专业数据库，并根据不同内容设计不同的商业模式，进行立体开发，提高资源整合能力。

5. 打造数字品牌

与传统出版模式相比，数字出版应该更重视品牌的建立和发展。在数字出版领域，由于信息的充分共享和扩张的边际成本趋向于零，占据竞争优势的企业可以迅速地获得市场的承认并占据有利地位，并以极低的成本将自己的领先优势扩大，形成"只有第一，没有第二"的格局。因此，数字品牌就显得更为重要。

二、数字出版产业创新政策建议

（一）完善法律法规，理顺管理体制

我国目前尚未出台专门的数字版权保护法，有关的数字版权保护法律条文只是在新修订的《著作权法》中有所提及。随着数字出版的发展，国内外都在探讨法律法规、标准等制度建设对于其发展的保护和推进，我国应加强关于数字出版的制度建设，完善相关的法律法规。如跟踪高新技术发展的新动态，增加手机出版、互联网出版等相关内容，加强数字版权保护。对出版准入的审批条件，应根据实际情况做出相应调整，为数字出版发展和传统媒体的转型营造良好的政策环境。此外，业外资本的进入和数字出版形式的多样化，也需要相应的法律法规对其进行规范和保护。另外，诸如数字版权的保护与转让、电子商务的货款支付与安全、数字出版的税收及征收、数字出版合同的签订及履行等有关数字出版正常运行不可或缺的操作要求，都应通过立法的形式，尽快用法律法规来予以规范。我国政府、企业以及其他与该行业息息相关的机构和部门都应顺应数字化出版的浪潮，及时转变观念，为数字出版产业的发展营造一个良好的环境。

另一方面，为了更好地对数字出版产业进行管理，政府相关部门应该根据数字出版的特征、类型以及数字出版的不同阶段进行不同的管理。对从事电子书相关业务的企业实施分类审批和管理，将电子书的创作、复制、发行、进口的业务作为不同类型的单位进行管理，这样的管理更具针对性，也可以有效避免业务交叉重叠带来的管理问题。例如，对参与数字出版与数字传播的企业采取分类管理的办法，将数字内容出版企业、数字化内容加工企业、数字化内容投送、传播企业的性质区分开来，分别授予资质。同时，在资质授权上，给予传统出版单位数字出版资质，给予民营数字技术企业数字传播、数字化加工资质，使掌握新技术的民营企业参与到传统出版单位的数字化经营中来。对于数字出版实施准入制度，加强资质审核，提高行业门槛，将有利

于数字出版产业的规范、有序发展。规范并不意味着压制发展，而是为市场竞争提供良好的环境保障，让真正有实力、拥有先进技术与健康内容的企业成为数字出版的中坚力量。

（二）加强行业规范和标准体系的建设

标准问题不是技术自身的问题，而是行业管理问题。建立和健全数字出版的行业规范准则，在数字出版领域建立统一的行业标准，改变不同出版厂商各自为政的现状，降低使用成本，是发展我国数字出版业的迫切举措。

目前我国数字出版面临的问题主要是缺乏统一的技术标准，导致阅读成本过高；将传统出版标准化与数字出版标准化割裂；技术上同质化竞争严重，导致资源浪费。要改变这样的困境，应尽快制定数字出版标准、数字印刷标准等，完成信息标准化和数字出版标准体系表，在生产、交换、流通、版权保护等过程中形成符合行业规范的数字出版业标准化体系，创造公平的市场竞争环境。

首先，必须制定统一的技术标准。我国数字出版市场目前存在的多种格式既增加了用户的阅读成本，也加大了信息内容整合的难度。因此，数字出版行业应尽快制定出一个统一的技术标准，或者由占有强势地位的技术服务商来牵头提供一个统一的标准。国内可以采用国际上目前比较标准的 PDF 格式或者 XML 格式，将数据标准化并且实现共享，可以降低制作成本，实现资源的合理配置，更好地促进数字出版产业链的健康发展。

其次，要搭建合作平台，加强沟通与协调。我国的数字出版行业一直无法制定出统一的标准，究其原因还是因为产业链条上参与者均从各自利益的单方面出发，彼此缺乏良好的沟通和协商，使得在标准制定时难以协调一致。因此，政府相关部门要尽快解决统一的标准问题，必须整合数字技术提供商，搭建平台加强各方的沟通与协调，强化行业管理，或者可以效仿美国数字出版界，成立一个类似 OEB 的标准化组织，统一规定必须遵守的技术标准。

（三）紧抓内容建设，做好产业规划

数字出版物作为网上数字内容文化产品，与其他文化产品一样，具有社会导向功能，其内容影响着受众的政治、道德、价值取向。政府相关部门应使传统出版和网络出版优势互补、理想对接，鼓励、支持传统媒体、网络公司、主流网站等从事网络出版业务，将优秀的作者、丰富的内容纳入网络出版，开发丰富的文化资源，从而吸引广大的读者，支持数字出版的社会导向功能。

因此，在数字出版发展过程中，相关政府部门对于原创的内容、市场渠道、传播平台的培育显得至关重要。只有内容丰富、形式多样，产业才有源源不断的产品，才能满足和稳定市场需求。另外，在渠道建设中，一是要利用好传统出版的渠道；二是根据数字出版的特点开拓新渠道。

总之，相关政府主管部门应通过统筹规划，从国家战略的高度制定产业政策，做好产业规划，推进数字出版工程的建设，通过对产业界的支持和引导，建立良好的数字出版生态环境和价值链，逐步培养出一批具有清晰产业定位的数字出版商和集成服务商。

（四）扶持建设区域性或全国性数字出版公共服务平台

数字出版产业具有"三高"性质，即内容的高度集成、技术对运维环境的高度支撑、运营模式的高度动态化，而这"三高"正是传统中小出版单位以一个出版社之力难以超越和解决的问题。要想在数字出版领域有所作为并取得实效，就一定要从高端进入，即要从集团和战略联盟的层面上整体考虑，集约性地类聚整合资源，整体性地进入，而不宜从小的或个体的出版单位进入。出版集团具有发展为区域性版权交易平台和中心的基础，而中小出版社、公益性出版社则需要国家、政府的扶持。由政府相关部门主导，扶持建设区域性或全国性数字出版公共服务平台，优先为中小出版社和公益性出版社提供各种在线服务。

1. 出版物流及出版市场监测平台

目前，面对经济全球化和出版市场快速变化的趋势，出版业市场监测日益成为政府加强宏观调控力度、企业提高市场响应速度的唯一重要保证。当前的主要问题是信息的收集依然是传统的静止、片面统计方法，尽管应用了网络通信技术和POS技术，但关于某一图书的完整数据信息依然失真失范，这就需要整合上中下游出版企业的出版供应链的数字平台，如出版集团供应链信息平台、发行集团供应链信息平台、第三方出版监测机构信息平台。

因此，我国政府相关部门和企业应逐步认识到信息共享与监测的价值，扶持建立立足市场、面向市场的共享与监测系统，如北京开卷全国图书零售市场观测系统。这样，政府管理部门可以观测产品供求状况、市场结构变化、产业发展趋势和行业运行格局，出版单位可以依据持续的跟踪监测结果来调整目标市场和细分市场、优化选题以及实施新的定价营销策略等。

2. 公益性少数民族出版网络平台

现在，少数民族出版社在网络基础建设方面还比较薄弱，许多还是局域网，有时用外网根本打不开，甚至找不到它们的主页。少数民族出版具有一般出版的共性，又具有资源特色化而产生的选题稀缺性、读者基数小而产生的市场有限性、文化保护而伴随的出版公益性和难以集团化而导致的经营分散化等特殊性。

政府主导建设国家少数民族网络出版平台，可以聚合少数民族出版的出版资源，转化出版劣势为出版优势，示范和引导少数民族数字化出版。因此，平台应致力于提供各民族出版社在出版资源远程共享、出版政策传播研究、民族文化出版项目评审和监管、出版物及其版权资源的国内外贸易等方面的公共服务。

3. 数字出版公共交易平台

近年来数字出版行业的实践和探索启示我们，造成数字出版业发展的症结之一在于没有能有力沟通内容生产与大众消费的公共出版服务路径。换言之，没有具有公信力并能以相应的现代科技支撑的数字出版公共交易平台，由此而制约数字出版产业链的有机形成。因此，政府相关部门应积极发挥引导作用，尽快促成数字出版公共交易平台的建设。

数字出版公共交易平台的建设可采用政府和企业共同开发的模式。之所以建议由政府和企业共同开发，一是有利于发挥政府的公信力，便于广大的数字出版企业能公共应用；二是有利于加大力度，整合集中优势各方，高水平地实现该平台的快速建成，及时产生效益，避免盲目竞争，重复建设。之所以要由企业来运作，是因为该平台的建设是具有经济前景的经营性项目，需要充分发挥企业的专业技术优势及现代企业管理体制与机制的优势，才有利于充分运用市场规律，与广泛的合作方通过灵活的市场机制，共同努力实现社会效益与经济效益整体目标以及合作各方的利益。

对参与的出版企业，在依据互惠共赢的市场规则驱动的前提下，政府尽可能提供优惠奖励措施，促进更多的国内外出版企业提供优质产品参与到平台中来，以集中优势资源，形成规模效益。同时，还可鼓励国内外企业投资平台建设。另外，在平台试运营阶段，政府应给予平台建设企业一定的税收减免；对参与平台的终端产品厂商，政府应给予一定的价格补贴，以利于迅速开拓终端产品用户群规模，有利于数字出版形成供需协调的规模效应。

（五）加强版权保护软硬件环境建设

目前，由于我国数字作品的版权不能得到有效保护，著作权人的权益得不到保障，网络传播商没有取得有版权的数字作品的合法传播权，以及广大网民缺乏良好的版权保护意识和正确的数字消费观等，导致我国数字出版产业链不完善，无法进行正常的产业循环，数字出版业难以得到健康发展。

政府应尽快更新相关的法律法规，让作者和发行单位建立起授权的畅通平台，让数字出版业得到法律的有效保护，促使市场能得到有效运作，并配套地成立以数字出版为核心的著作权委托代理组织，以有效地解决数字出版相关的版权问题。

版权保护是数字出版产业发展的核心问题，政府相关部门在版权保护方面进行制度创新时，主要应关注三个方面：一是根据各种新媒体业务模式，如网络图书、网络期刊、在线数据库、原创文学、手机小说等的特点，来创新版权保护制度；二是注意技术进步与版权保护的关系，版权保护应与时俱进；三是把握版权保护的利益平衡原则，在数字出版的创作和传播过程中理顺创作者、传播者和使用者的关系，对各方的权利进行保护，使用数字加密技术的同时应考虑数字内容的传播，通过权利义务的界定来合理地将作品中包含的利益分配给作者和社会公众，以实现作者利益与社会公众利益的双向互动，促进社会文化事业的蓬勃发展和人类文明的进步。此外，有关部门还需要完善版权登记和监管体系，建立完善的版权登记和交易平台，提供版权追踪、检索的监管技术，更好地实现版权的统一管理。

另一方面，政府还应充分利用技术手段，建设产权保护信息系统环境。知识产权保护的力度和有效性在较大程度上决定着创新主体的热情和专注度，电子化手段和数字化技术能生成与数字出版创新产权保护相关的各种科学、高效的数字化信息系统，例如数字出版创新技术成果在线分析与鉴定系统、数字出版技术专利申报数字化平台、网络出版科技查新系统、数字出版物创新属性智能捕捉系统、出版创新效益评估数字化模型、数字化成果使用追踪系统等，都能为数字出版创新主体的利益设置一道道保护屏障。

（六）加快发展数字出版产业基地

所谓数字出版产业基地，主要是指由政府或民间组织、机构规划或自发建设，通过控制产业基地招商定位，吸引数字出版行业的相关企业入驻，在基地内产生行业集聚和规模效应，形成完整的产业链，从而促进数字出版产业快速发展的产业基地。数字出版产业基地首先可以作为产业发展的孵化器和助推器，引领传统出版业向数字出版转型。它不仅为传统出版业向数字出版业转型提供平台，而且有利于数字出版产业由单个企业的自发性发展向产业整体自觉性发展深层转变，更有利于纸质书籍、报刊、影视作品、艺术品等传统出版资源向电子图书、数字报刊、网游动漫、数字艺术品、数字电影、数字音乐、手机出版等数字出版内容进行高效率、高质量的转化与再造。其次，数字出版产业基地可以打通产业链上中下游，形成通畅的产业链条。数字出版产业链上中下游的内容提供商、技术提供商、产品销售商可以进行深层次的相互投资、参股合作，甚至建立合资公司，利用双方的优势，共同提高赢利能力，共同开发数字出版业务，真正实现内容优势、技术优势、营销优势的强强联合，探索出能够助推数字出版产业发展的产业链模式。第三，数字出版产业基地可以发挥产业规模效应，优化数字出版产业组织结构。产业基地内的企业凭借宽松的环境和优惠的政策可以打破所有制壁垒、行业壁垒等，实现企业间的并购、联合、重组等。重点的内容生产企业、技术研发企业、平台服务企业可以借势做大做强。第四，数字出版产业基地可以更好地保护数字版权，促进原创内容生产。数字出版产业基地的建设有利于国内外入驻企业、政府管理机构、中介组织等共享版权保护的先进经验，方便地沟通联系，有利于其携手搭建数字版权保护平台，创新保护模式，降低保护成本，并营造良好的数字版权保护环境。

　　因此，政府相关部门应加快发展数字出版产业基地，充分发挥政府的扶持推动作用。首先，政府应支持完成基地基础设施和公共服务设施建设，为基地产业的发展提供宽松优越的物质环境；其次，政府应在深入研究基地的战略优势和时空资源的基础上，制定出台扶植数字出版产业发展的优惠政策，包括财税政策、金融政策、奖励补贴政策等，从而构建有利于其壮大的产业政策环境；第三，要理顺数字出版产业管理体制，对基地的管理要坚持有所为、有所不为的原则，可以通过政策手段给基地企业以良好的服务、引导与协助，实现对基地的宏观管理，对于项目的日常运作和管理则应交由企业负责。

参考文献

[1] 崔耕瑞. 数字金融能否提升中国经济韧性[J]. 山西财经大学学报, 2021, 43 (12): 29-41.

[2] 李拯. 把发展数字经济作为战略选择[N]. 人民日报, 2021-10-29(5).

[3] 马蓝, 王士勇, 张剑勇. 数字经济驱动企业商业模式创新的路径研究[J]. 技术经济与管理研究, 2021(10): 37-42.

[4] 孙德林, 王晓玲. 数字经济的本质与后发优势[J]. 当代财经, 2004(12): 22-23.

[5] 邵春堡. 新时代数字经济的价值创造[J]. 中国井冈山干部学院学报, 2021(5): 22-30.

[6] 潘一豪. 加快推进数字经济法治建设[N]. 人民邮电, 2021-10-29(1).

[7] 张毅. 数字化及智能制造数字化转型进入新阶段: 从政策角度看企业数字化转型发展趋势[J]. 起重运输机械, 2021(11): 28-29.

[8] 张新红. 数字经济: 中国转型增长新变量[J]. 智慧中国, 2016(11): 22-24.

[9] 邢成冰. 共享时代数字经济发展趋势与对策探究[J]. 商业经济, 2019, (10): 133-134.

[10] 杨炎. 国际对比视角下我国数字经济发展战略探索[J]. 科技管理研究, 2019, 39(19): 33-42.

[11] 刘菲. 关于数字经济发展趋势的探讨[J]. 现代经济信息, 2019, (20): 305-307.

[12] 段伟伦, 韩晓露. 全球数字经济战略博弈下的5G供应链安全研究[J]. 信息安全研究, 2020, 6(1): 46-51.

[13] 许丹丹, 王晓霞, 崔羽飞, 等. 运营商在5G时代数字经济的机遇和挑战[J]. 信息通信技术, 2020, 14(1): 46-52.

[14] 孙德林, 王晓玲. 数字经济的本质与后发优势[J]. 当代财经, 2004(12): 22-23.

[15] 逢健, 朱欣民. 国外数字经济发展趋势与数字经济国家发展战略[J]. 科技进步与对策, 2013(8): 130-134.

［16］何枭吟.数字经济与信息经济、网络经济和知识经济的内涵比较［J］.时代金融,2011(29):49.

［17］刘荣军.数字经济的经济哲学思维［J］.深圳大学学报(人文社会科学版),2017,34(4):97-100.

［18］康铁祥.中国数字经济规模测算研究［J］.当代财经,2008(3):120-123.

［19］邱林川.信息时代的世界工厂 新工人阶级的网络社会［M］.桂林:广西师范大学出版社,2013:09.

［20］黄岚.5G 时代数字文化产业的技术创新与跨界发展［J］.出版广角,2020(17):40-42.

［21］解学芳,陈思函."5G+AI"技术群赋能数字文化产业:行业升维与高质量跃迁［J］.出版广角,2021(03):21-25.

［22］赵振."互联网+"跨界经营:创造性破坏视角［J］.中国工业经济,2015(10):146-160.

［23］常庆欣,张旭,谢文心.共享经济的实质——基于马克思主义政治经济学视角的分析［J］.马克思主义研究,2018(12):53-64,161-162.

［24］刘凯强,范和生.可及型消费:共享经济范式下群体消费逻辑演进的分析框架［J］.学习与实践,2018(11):14-24.

［25］杨晓北.共享经济背景下协同消费模式分析及发展策略［J］.商业经济研究,2018(19):43-45.

［26］蒋红云,尹清非.共享消费市场的均衡模型研究［J］.财贸研究,2019(02):27-37.

［27］涂永前,熊赟.情感制造:泛娱乐直播中女主播的劳动过程研究［J］.青年研究,2019(04):1-12,94.